元宇宙商业时代

重构互联网产业与数字经济未来

马兆林　王锋　编著

地震出版社
Seismological Press

图书在版编目（CIP）数据

元宇宙商业时代：重构互联网产业与数字经济未来 / 马兆林，王锋编著. — 北京：地震出版社，2022.12
ISBN 978-7-5028-5483-6

Ⅰ．①元… Ⅱ．①马… ②王… Ⅲ．①商业模式—研究 Ⅳ．① F49

中国版本图书馆 CIP 数据核字（2022）第 152704 号

地震版　XM5239/F（6300）

元宇宙商业时代：重构互联网产业与数字经济未来

马兆林，王锋　编著
责任编辑：范静泊
责任校对：鄂真妮

出版发行：**地震出版社**
　　　　　北京市海淀区民族大学南路9号　邮编：100081
　　　　　发行部：68423031　68467991　　传真：68467991
　　　　　总编室：68462709　68423029
　　　　　编辑四部：68467963
　　　　　E-mail：seis@mailbox.rol.cn.net
　　　　　http://seismologicalpress.com

经销：全国各地新华书店
印刷：三河市九洲财鑫印刷有限公司

版（印）次：2022年12月第一版　2022年12月第一次印刷
开本：710×1000　1/16
字数：204千字
印张：15
书号：ISBN 978-7-5028-5483-6
定价：58.00 元

版权所有　翻印必究

（图书出现印装问题，本社负责调换）

前言

近期,元宇宙这个极具未来感和科技感的概念已经来到了我们身边,正在以迅雷不及掩耳之势席卷全球的各个行业,从一个原本人们眼中的科幻世界一路杀进现实世界。

2021年,元宇宙成为科技界、投资界和传媒界的宠儿,并呈现出超乎想象的爆发力,被称为元宇宙元年。从科技公司到设备厂商,从传统行业到新兴产业,都开始争相布局元宇宙,拉开了一场数字化盛会的序幕。

那么,什么是元宇宙呢?简单来说,元宇宙就是更具沉浸特点的虚拟与现实相结合的全新世界。元宇宙得以实现的基础就是各项科技手段、信息技术、生命科学等的叠加,尤其是VR、AR、AI、数字孪生、区块链、云计算、5G等技术的相互衔接与创造,使得这个全新世界中物理世界与虚拟世界的联系逐渐增强,使得现实世界与虚拟世界中的人可以在元宇宙中打破时间和空间界限,进行无障碍交互。

元宇宙可以说是一个公平、自由、充满想象力的完美世界,可以在其中自由转换自己的数字身份,也可以随意设置自己的相貌,随心所欲地创造自己向往的美好情境,一切美好的向往都能变得触手可及:你可以化作一朵蒲公英,随风飘荡在风景如画的丛林中;可以成为一个超级英雄,拯救世界;也可以穿梭在长安街上,感受大唐盛世的繁华……通过VR设备,可以在任何充满想象的虚拟场景中获得逼近现实世界的沉浸式体验。

这些正是元宇宙的魅力所在,也是吸引各领域纷纷入局元宇宙的原因。

一切科技变革,最终目的都是为商业应用而服务的。元宇宙的诞生同样如此。也只有加以商用，才能体现出元宇宙真正的价值。

为了抓住这个科技风口的巨大红利，各行各业正如火如荼地在元宇宙领域加大布局力度。在这场群雄逐鹿的"血拼"中，全球各科技互联网巨头纷纷跻身领军者的行列，也给其他行业的众多企业在元宇宙领域的布局树立了良好的标杆。

元宇宙给人类带来前所未有的美好体验。随着元宇宙技术的不断发展和成熟，未来元宇宙必定会改变社会规则以及全球经济生态体系。元宇宙在各领域的不断渗透，使得人类社会的生产效率有了极大的提升，人类生活和工作的方式因此会变得更加美好。

我们作为第一代即将跨入元宇宙时代的人类，应当充分认识到元宇宙也是人类文明的一部分，元宇宙正带领人类文明向更高的台阶迈进。虽然当前元宇宙还处于初级阶段，未来，元宇宙必将给我们的生活带来更多的"火花"。

本书共分为三个部分，分别是解密篇，让读者从零开始认识元宇宙，包括元宇宙的概念与来源、元宇宙落地关键技术、元宇宙的本质与价值；实操篇，从各大科技巨头争夺元宇宙资本入手，剖析元宇宙数字经济驱动新机遇，并从各产业领域向读者阐述资本风口上元宇宙落地应用的方法与路径；展望篇，带领读者思考元宇宙未来发展的趋势。

此外，本书既有科普的知识性，又不乏科技的趣味性，以通俗的语言和生动的示例将元宇宙应用场景展现得淋漓尽致，有助于读者开阔视野，进一步激发探索元宇宙的兴趣。阅读本书，将会真切体会到元宇宙应用的巨大优势，以及它能够改变世界的巨大潜能。

 **解密篇:从零开始认识元宇宙**

第一章 探索解密:元宇宙的概念与来源 / 003

元宇宙前传——科幻小说《雪崩》/ 004

元宇宙到底为何物 / 005

元宇宙诞生缘由 / 011

元宇宙的五种核心属性 / 013

元宇宙的四大基本特征 / 015

元宇宙五个发展阶段 / 018

第二章 关键技术:元宇宙落地的七大技术支柱 / 021

元宇宙落地的通信基础:高性能无线通信网络 / 022

算力基础:云计算 / 024

生成逻辑:人工智能 / 026

认证机制:区块链 / 029

基础设施:VR 与 AR / 032

拟真技术：虚幻引擎 / 035
实时映射：数字孪生技术 / 037

第三章 看透本质：揭开元宇宙撬动万亿市场的秘密 / 039
元宇宙时代：数字技术驱动的信息革命 / 040
元宇宙：互联网技术演化的下一"继任者" / 043
虚实世界的跨越与融合 / 046
连点成线的技术创新总和 / 048
对"人""物""场"的重构 / 049

第四章 价值挖掘：引发生活和社会经济发展的巨变 / 053
技术整合交互协作，提高工业生产效率 / 054
技术赋能，促进传统产业数字化转型 / 056
虚实相融，重构工作和生活方式 / 058
推动智慧城市建设——"孪生城市"呈现智慧特征 / 061

第二篇 实操篇：元宇宙落地应用创新机遇

第五章 数字新基建：接轨元宇宙，擦出不一样的火花 / 065

元宇宙使数字新基建迎来新"蓝海" / 066

通信设备全面升级 / 067

营造沉浸式通信体验 / 068

通信应用开启车联网全新时代 / 070

【案例】中国移动：立足咪咕，描绘元宇宙演进路线图 / 072

【案例】华为：研发全息电话，实现近乎面对面的交互 / 074

第六章 金融业：元宇宙影响金融变革 / 077

元宇宙金融业，创造新机遇 / 078

"保险+元宇宙"的创新应用 / 079

【案例】瑞保集团：为元宇宙世界提供专业安全保障 / 082

【案例】泰康在线：首发保险数字藏品与元宇宙概念短片 / 083

"银行+元宇宙"的创新应用 / 084

【案例】汇丰银行：入驻元宇宙平台 The Sandbox，提升消费体验 / 086

【案例】百信银行：入驻"希壤"，打造数字藏品 / 087

第七章 零售业：元宇宙打造全新流量入口+营销闭环 / 089

场景化购物增强消费体验 / 090

借虚拟技术实现经营路径多元化 / 091

用虚拟形象的魅力高效"吸粉" / 093

数字化赋能,迎来零售元宇宙时代 / 095

【案例】天翼云图:打造虚实共生的互联网信息消费平台 / 097

【案例】沃尔玛:布局元宇宙超市 / 100

【案例】花西子:打造与品牌高度契合的虚拟代言人 / 102

第八章 制造业:工业元宇宙将制造业推向全新的境界 / 103

拟真环境研发制造,提效减耗 / 104

借数字孪生技术优化实际产品性能 / 106

数字孪生技术——实现机器设备的远程维护 / 108

工业元宇宙——提高制造业运营管理效率 / 110

【案例】联想:构建虚拟工厂,走在元宇宙应用的前列 / 113

【案例】神舟十二:航天员置身仿真模型训练飞行 / 115

第九章 文化产业:将文旅、文娱体验提升到极致 / 117

虚拟叠加现实——沉浸式体验古风盛世场景 / 118

VR 全景旅游:足不出户,拥有"诗和远方" / 120

【案例】"大唐·开元"不夜城：打造基于唐朝风貌的"元宇宙之城" / 121

【案例】海昌海洋公园："社交元宇宙"与数字化藏品开启旅游元宇宙新体验 / 123

虚实音乐场景结合，创造更多可能 / 125

跨场域虚拟演出成为全新舞台模式 / 127

虚拟展会——拉开数字科技与艺术交互新时代序幕 / 130

【案例】跨年晚会：虚拟人登台突破虚实结合边界 / 132

【案例】清明上河图：沉浸式展览，呈现独特作品魅力 / 134

第十章　教育产业：拥抱元宇宙，推动教育模式变革 / 137

实现跨学科、跨区域、即时共享教育 / 138

镜像学习：创造身临其境的学习空间 / 140

教学方式的个性化、动态化变革 / 142

满足学生心理需求，弥补教育情感体验的缺失 / 144

寓教于乐，实现教学方式游戏化，促进教学热情 / 146

【案例】莫尔豪斯学院：开设 VR 校园，开设 VR 课程 / 148

【案例】中国传媒大学：开创首个元宇宙大学 / 149

第十一章　游戏产业：增加创新性应用，打开行业想象空间 / 151

打破游戏社交壁垒，实现多元互动 / 152

玩家掌握游戏主导权，自由策划去中心化虚拟游戏世界 / 153

玩家在虚拟现实世界可进行虚拟商品交易 / 155

【案例】Roblox：多维度布局元宇宙生态迎全新发展 / 156

【案例】The Sandbox：借区块链入局元宇宙 / 159

第十二章 影视产业：元宇宙带来生产方式与商业模式的新变革 / 163

数字虚拟制作吸睛又吸金 / 164

推动影视行业整体进入新业态 / 166

【案例】《失控玩家》：虚实结合，42小时票房破亿元 / 169

【案例】《刺杀小说家》：借虚拟特效开启元宇宙时代 / 170

第十三章 房地产业：元宇宙为房地产带来新模式 / 173

VR虚拟看房，成为最直接营销手段 / 174

虚拟房屋装修，想象空间巨大 / 177

虚拟建筑设计，让建筑触手可及 / 179

【案例】聚象科技：借助VR助力房地产企业提升竞争力 / 181

【案例】贝壳找房：技术创新，重塑居住服务 / 183

第十四章 资本风口的元宇宙盛宴：全球科技巨头争抢元宇宙资本风口 / 185

百度：进入元宇宙探索阶段 / 186

腾讯：围绕社交布局，构筑元宇宙"护城河" / 188
网易：以游戏为切入点，全面布局元宇宙 / 190
字节跳动：多方投资，跑步入局元宇宙 / 193
苹果：并购与专利申请，备战元宇宙 / 194
微软：软硬件双管齐下，"杀入"元宇宙 / 196
Meta：从社交媒体转型元宇宙公司 / 198
英伟达："三步走"策略拥抱元宇宙 / 200

第十五章　投资机遇：商业化应用寻找元宇宙变现新机会 / 203
虚拟数字人：元宇宙时代下的又一个资本风口 / 204
虚拟社区：社交 4.0 时代，高新技术构建沉浸式虚拟社交空间 / 206
虚拟办公：虚拟办公空间成为"蓝海"市场方向 / 208
沉浸式内容：多场景应用给用户带来更好的沉浸式体验 / 210
数字资产：加密属性保障数字资产运转系统安全、透明与高效 / 212
扩展现实：实现虚拟现实无缝转换 / 215

第三篇　展望篇：关于元宇宙未来的思考

第十六章　未来展望：揭秘未来元宇宙发展的五大趋势 / 219
趋势一：虚实经济深度融合 / 220
趋势二：人与社会的关系数字化 / 221
趋势三：对创作者的要求全面升级 / 223
趋势四：元宇宙民主化、规范化 / 225
趋势五：元宇宙营销成主流 / 227

第一篇

解密篇：从零开始认识元宇宙

第一章

探索解密：元宇宙的概念与来源

如今，"元宇宙"已经成为当下最为火爆的话题之一，各领域对元宇宙的应用给予了极大的关注和重视，理想的元宇宙时代已不再是科幻，离我们也不再遥远。

元宇宙前传——科幻小说《雪崩》

近期，在网络上，一位名叫"柳夜熙"的虚拟美妆博主发布了一条有关"元宇宙"的短视频作品，其作品主要是以国风与未来相结合，再加上精美的美术场景和特效，使得每条短视频作品都充满了悬疑色彩。仅发布当天，"柳夜熙"就收获了135万粉丝，使得"元宇宙"一词一时间全网大火。

谈起元宇宙，我们先从一本名为《雪崩》的小说说起。

1992年，美国科幻作家尼尔·斯蒂芬森出版了《雪崩》这部小说。这本小说描绘了一个平行于现实世界的虚拟世界，在现实世界中因为地理位置而彼此隔绝的人们可以通过自己身份幻化出的虚拟人物进行交流和娱乐。可以说，尼尔·斯蒂芬森对虚拟世界进行了首次探索，而"元宇宙"这个概念也因此被首次提出。

《雪崩》所描绘的场景，在当时的人们看来简直就是天方夜谭，如此虚幻的经历不可能发生。但在其出版二十多年之后，随着人类科技的不断进步，这部小说却成了一部"神作"，吸引了众多工程师、企业家、未来主义者和极客，他们投入大量的精力、金钱和时间，对神奇的虚幻科技手段能否融入现实展开探索和研究，甚至某些国家的政府部门也对此给予了极大关注。

如今，元宇宙自被提出至今，已经过去了30年，尼尔·斯蒂芬森笔下的虚拟世界也逐步进入构建阶段，如Facebook正在致力于构建一家元宇宙公司；微软正在努力打造一家元宇宙企业；某些企业巨头也声称自己的下一个创业项目与元宇宙相关……，甚至在2019年，作家安德鲁·卡普兰就已经借助对话AI技术和数字助理设备成为首个"数字人类"，在云端永生。

越来越多的人开始争相追逐和创造一个全新的元宇宙世界。

元宇宙到底为何物

被人们津津乐道的元宇宙世界到底是什么，为什么能够引发人们的高度关注？对于这些问题，很多人一知半解。

对元宇宙的认知我们可以从以下几个问题出发，通过对这些问题的解答来获得更多了解。

1. 元宇宙是什么？

近年来，《头号玩家》《失控玩家》等影片中的内容对"元宇宙"的概念有较为全面的阐释。2018年上映的《头号玩家》的故事情节设定在2045年人们处于一片混乱和崩溃边缘的现实世界，他们在失望中将希望寄托在一个叫作"绿洲"的虚拟游戏宇宙中，人们戴上VR设备就可以进入一个有序、繁荣的虚拟世界，从而改写他们的人生，并能成为游戏世界中的"盖世英雄"。

从这部影片中不难看出，元宇宙其实就是更具沉浸特点的虚拟世界+虚拟人生。元宇宙能够得以实现的基础就是科技手段，包括信息科学、量子科学、数学、生命科学以及信息革命、互联网革命、人工智能革命、VR、AR、MR、AI等的相互衔接与创造。

那元宇宙到底是什么？以下是几位从业者和专家从不同角度给出的对元宇宙的认知和界定：

某跨国公司技术创新全球总监 Eric Redmond：元宇宙跨越了现实和虚拟现实之间的物理与数字鸿沟。

Roblox 公司 CEO Dave Baszucki：元宇宙是一个将所有人相互关联起来的 3D 虚拟世界，人们在元宇宙拥有自己的数字身份，可以在这个世界里尽情互动，并创造任何他们想要的东西。

未来学家 Luke Shabro：一个魔术的、数字混合的现实，具有不可替代和无限的项目和角色，不受传统物理和限制的约束。

2. 元宇宙有什么用？

任何新事物的出现，都是因为其具备了满足某种需求的属性。元宇宙同样如此。对于我们普通大众来讲，元宇宙有什么用呢？它能够满足人们哪些需求呢？

通常，我们在真实世界里，有的时候会有真实需求，有的时候也会有一些虚拟需求。元宇宙中一切都是虚拟的，但元宇宙可以帮助我们实现虚拟需求，如娱乐、游戏、创作、社交等；同时，元宇宙还可以帮助我们实现真实需求，如电商购物、通讯、远程办公、线上教育和医疗、线上资讯和支付等。总之，如果将元宇宙仅仅看作是游戏，那就太局限了。元宇宙能够使人们最大限度地获得自由度，实现自己的价值，创造属于自己的规则。

3. 元宇宙是否等同于 VR？

相信很多人玩过 VR 游戏。游戏者佩戴 VR 头显设备就可以进入沉浸感很强的虚拟游戏和电影当中。所以，不少人会将元宇宙与 VR 联系起来，认为元宇宙就是 VR。其实，这种对元宇宙的认知是片面的。

VR 只能使人们在视觉和听觉上获得相应的感知。而元宇宙是现实世界与虚拟世界的紧密融合以及多样化技术交互的产物，模拟的是人的五感。就如《头号玩家》电影中的情节，玩家站在机器上，戴上头显设备，就能直接进入元宇宙，并在其中获得更加真实的五感体验。

所以，元宇宙并不等于 VR。除此以外，元宇宙还可以借助简单技术，如可穿戴设备、AI、AR、传感器、移动设备、PC 端等，将虚拟世界与现实世界连接起来。

VR 设备只是一种呈现形式，可以通过多种技术呈现元宇宙中的虚拟世界。

4. 元宇宙中是否还需要 3D？

在回答这个问题之前，我们先说明当下的一个现状：当前，人们电商购物时往往存在这样的困扰，那就是在电商页面看到的模特试穿衣服的效果十分惊艳，在下单购买并收货试穿后，却发现买家秀与卖家秀之间存在很大的差异，最后无奈只能退货，或者将买来的衣服压了箱底。

元宇宙可以做游戏、建造文明城市，但这些只是元宇宙应用的一部分。元宇宙作为一个更具沉浸感的虚拟世界，在其中构建的 3D 商店售卖的衣服和陈列的模特都是通过 3D 建模的，进入店内的 3D 虚拟人物与消费者自身的形象、气质、身材相近，完全可以通过虚拟人物的试衣效果来判断一件衣服是否适合自己。可以说，在虚拟世界里，任何一个 3D 物品，都是信息的承载体。

由此来看，元宇宙中构建 3D 模型很有必要。而且元宇宙对于 3D 的依赖性更强，主要体现在以下几点。

（1）空间仿真

3D 模型更具立体感，让场景的展示效果与现实世界更加相似，还能在空间中产生更强的内容表现力和感染力。

（2）角色仿真

3D 模型可以对真人的外貌、表情、动作，甚至毛发、毛孔等进行高度克隆，使得虚拟人物更加生动逼真。

（3）物理特性仿真

3D 模型还可以模仿自然界的各种物理特性，如光照亮暗对比、物体碰撞受力后运动的方向和轨迹、液体流动的特点等。这些物理特性的模仿，使得物体更具质感。

5. 元宇宙中会有"另一个我"吗？

元宇宙中的虚拟人物会有"另一个我"吗？答案是肯定的。

在元宇宙中，都可以找到一个未来对应的"我自己"的虚拟形象。这个虚拟的自我不是真实的，也不是照片，不是换脸，而是用计算机虚拟出来的二维或三维虚拟形象。对于这个问题，在前文中讲到3D模型可以实现角色仿真，就是最好的答案。除此之外，元宇宙还可以通过意识上传，使得虚拟化的"另一个自己"在人格上、思想上与真实的自己非常接近。

6. 虚拟商品是否可以售卖？

元宇宙世界里也会有虚拟商品，并且可以进行买卖交易。

2021年10月，某跨国公司联合天猫推出了全新的会员进阶计划，并首次将3D虚拟人形象融入会员系统当中。该公司会员可以根据自己的喜好，选择专属形象。此外，该公司还在虚拟系统中，售卖虚拟鞋履、服装、配饰、运动包袋、运动器材、艺术品以及玩具。该公司可以说是售卖虚拟商品的"第一人"。

另外，在销售一些虚拟商品的网站上，一件虚拟服饰的售价高达几百元，甚至上千元，但依然有很多人乐此不疲地购买。他们将虚拟服饰放到购物车中，然后付款，网站会将服饰与消费者的照片合成，然后再将合成照片发给消费者，就算购买流程全部完成。对此，有的人会认为，购买虚拟服饰与早期为QQ形象购买QQ皮肤的消费模式类似，并不是生活必需品，而且售价过高，这种消费意义不大。

其实，对于虚拟商品是否有意义以及其售价高的问题，是不难理解的。虽然虚拟商品售价高，却还是能吸引人们购买。因为虚拟商品是人们在物质需求基础上的延伸，属于精神需求范畴。一件商品的价格是由其价值决定的，当人们对一件商品的价值认可的时候，它的价格也就会越来越高，当人们对此价格达成共识后，即便是高价，也能得到人们的认同并接受。

7. 元宇宙是风口还是骗局？

对"元宇宙是风口还是骗局"的问题，不同的人会有不同的答案。

很多人认为，虚拟商品竟然比真实商品的售价高出很多，就是借着元宇宙这个旧概念拿出来新炒，元宇宙是骗局无疑。

通常，我们在判断一个新事物是否有益于社会，主要是看它与更迭、变革之前的事物相比是否能够推动社会的进步，是否能给人们带来实实在在的帮助，使人们的生活向着更好的方向发展。

元宇宙是风口还是骗局？我们通过一个具体的例子来找到答案。

这几年，因为疫情的原因，很多线下演唱会无法举行。但如果在元宇宙中开一场演唱会，不但能感受到与现场一样的声光效果，听到某位歌手的经典歌曲，还能与周围的人进行互动，这与在线下参加演唱会没有太大的区别。更重要的是，观众省去了到演唱会现场往返的乘车费用，也完全不用担心疫情带来的风险。

由此可见，在元宇宙世界中，我们能够获得现实世界中无法获得的安全感、幸福感等，元宇宙并不是骗局！

8. 打造元宇宙空间的成本如何？

事实上，元宇宙让那些以往跨越不了的物理距离变得可跨越。元宇宙空间与现实世界相比，可以让人们享受到更加高效、便捷、低成本的工作和生活体验。

举个简单的例子。传统的全员办公室办公往往需要更大的办公空间，需要支付高昂的场地费用，而且员工上下班通勤会浪费很多时间。而在元宇宙中，员工可以居家办公，有效减少了办公场地费用，节省了通勤时间，提升了工作效率。

总而言之，元宇宙可以随意构建一个足够和真实世界相媲美的虚拟世界，在元宇宙世界里，每个人都可以成为其中一分子，提升对元宇宙的认知，对于我们更好地参与元宇宙建设与应用大有裨益。

元宇宙诞生缘由

任何事物的出现和存在，都具有一定的原因，元宇宙是因为什么原因而诞生的呢？这个问题同样值得我们去深入探讨。

元宇宙的诞生主要基于以下三方面的原因。

1. 科技发展促进

元宇宙的诞生，并不是人们毫无依据的遐想和幻想，而是人类生产力水平发展到一定阶段形成的。元宇宙的实现依赖于科技手段。但也正是科技的不断发展，才进一步促进了元宇宙这个集众多先进技术于一体的新生事物的产生，包括VR/AR、云计算、虚幻引擎、人工智能、区块链、高速无线通信网络、数字孪生等。

首先，在科学技术的发展下，人类计算能力有了大幅提升，大功率显卡、高频芯片、超级计算机等极具先进性的运算控制系统开始出现，为元宇宙的诞生提供了必要的技术支持。

其次，技术的发展目标，在于使自身变得更加高效和更具价值。高效和价值则体现在实现更多的创新性应用上。元宇宙就是各项技术在协同努力下创造出的新形态。

再次，加上新技术推动下诞生的智能眼镜、智能头盔、智能手表、智能手环等智能可穿戴设备以及传感器设备的不断普及，为元宇宙的构建提供了必要的物质基础。

最后，互联网以及数字经济的发展，使得人们的生活、工作与网络之间的关系越来越密切，甚至产生了严重的依赖性，这就使得大量数据资源为数字虚拟场景的构建提供了必要的技术支持。

2. 资本的推动

资本的嗅觉往往是最灵敏的,它对于利益的洞察总是先知先觉。只要洞察到那些投资效益好、具有市场潜力的事物,总会快速行动,抢夺先机。

元宇宙作为各类先进技术的集合体,作为一个新赛道,为人类创造了巨大的财富和利益,自然吸引了大量资本在这片"蓝海"积极布局。但是,由于各路资本觉醒的时间比较接近,谁都不想因为慢半拍而错过这次跑马圈地的机会,因此资本的追逐也就使得元宇宙的诞生被加速推动。

3. 用户体验的需要

人们总是希望自己的生活向着越来越好的方向发展,希望能够获得越来越优质的购物、社交、娱乐、内容创作等体验。所以,追逐更加自由、开放、舒适、轻松、高沉浸度的一个仿真世界,成为用户体验的新需求。

另外,用户更加希望可以让他们的具身交互①摆脱"拇指党",能够在虚拟空间生活和发展,满足人们对虚拟生活的强烈需求和欲望。在这些新需求下,各领域与用户达成共识,为成功实现这样一个全新世界的构建而不断努力,进一步促使元宇宙的兴起。

4. 政府政策支持

当前,不少国家的政府部门出台了相关政策与措施,为元宇宙的进一步探索提供了有效的保障。当然,政府在政策扶持的同时,也有相关立法和监管,对滥用元宇宙的情况进行有效约束。

元宇宙作为新风口,作为数字经济创新发展机遇,并不是横空出现的。基于这些原因,人们对美好生活的向往从科幻走向现实,使得"元宇宙"这个概念的落地变得势不可当。

---

① 具身交互:"具身"即人在某种活动中达到一种与周围环境相融合的物我合一。"具身交互",就是日常事、物与人之间的交流与互动。

元宇宙的五种核心属性

全面、深入了解元宇宙,还要从了解元宇宙的五大核心属性入手。

1. 同步和拟真

元宇宙本身独立于现实世界之外,却是现实世界的一个映射。在元宇宙中生活和工作的虚拟人物,完全获得与现实世界高度同步和高度拟真的体验感、趣味性和交互性。同步和拟真是构成元宇宙世界的基础条件,因此,在现实世界中可以发生的一切,在元宇宙的虚拟世界中也将同步实现,并且用户与用户之间交互的信息也能得到近乎真实的反馈。

2. 互通性和标准化

现实世界中的人可以在元宇宙中以虚拟身份实现无缝切换。与此同时,在元宇宙的各个平台上,这种互通技术的实现具有标准化特点,这也是元宇宙中各个平台实现互通的基础。

3. 开放和创造

元宇宙是一个开放的世界,在这个虚拟世界中,除了个体掌控的私有数据之外,一切都是开放的,包括代码、技术、公共数据、内容和智能合约的开放。

(1)代码开放

在元宇宙中,人们可以随意查看开源代码。

(2)技术开放

在元宇宙中,所有元宇宙的技术底层逻辑都是可以被人们学习的。

（3）公共数据开放

元宇宙中的公共数据，对于所有人都是透明的，人人都可以查看和使用，这样就有效避免了中性化平台的垄断。

（4）内容开放

在元宇宙中，只要有创意，每个人都可以创造元宇宙的相关内容。

（5）智能合约开放

在元宇宙中，智能合约是开放的，用户可以查看所有在区块链上的智能合约内容。

另外，元宇宙给了人们无尽的创造力、想象力，人们可以打造出自己想要的虚拟环境，这充分体现了元宇宙"创造"的属性。

4. 有生命，具有永续性

元宇宙是一个虚拟世界，在这里，所有的虚拟人物都有一定的互动能力，这就意味着元宇宙中的虚拟人物是有生命的，而且这里的人物、事物、场景都具有永续性，会无限期地持续下去，不会暂停或结束。

5. 经济系统具有闭环性

元宇宙中，人们可以拥有自己的虚拟身份，彼此之间可以借助平台统一的货币进行买卖交易，产生消费行为。而且在这个虚拟世界里，促进了生产、交换、分配和消费的进行，形成了一个独立的经济系统。这个系统的闭环运行是元宇宙不断变化和发展的动力和保障。

元宇宙的四大基本特征

想要对元宇宙有更加直观和深入的理解,我们需要进一步了解元宇宙的四大基本特征。

1. 沉浸式体验

元宇宙的特点之一,就是沉浸式体验。人机交互最重要的就是沉浸感。沉浸式体验不仅经常在游戏环境中被提及,而且当我们看电影的时候同样有这样的体验。

随着人工智能、VR/AR 等技术的不断发展和应用,使得构建的元宇宙更具沉浸式体验感。人们不但可以沉浸在游戏和电影当中,还可以在更具立体感的数字场景中更加沉浸、真实地面对面购物、社交、办公等。参与者可以完成视觉、听觉、嗅觉、味觉、情感、情绪、心理、生理等全方位喜怒哀乐的体验,并能完成成长、学习、工作、结婚、生子、衰老等人生必经的全过程,也可以在元宇宙中感受快意恩仇、生离死别等不同的场景,这种超脱常态生活的沉浸式体验,让参与者感觉自己所处的元宇宙中发生的一切犹如真实生活一样。

2. 数字化身份

用户要想在元宇宙中生存,就需要具备数字身份。所以,数字化身份是元宇宙的另一个特点。

在元宇宙中,数字化身份与现实身份相融合,形成一个统一的身份体系,使得跨平台互通与认同得以实现。元宇宙中的数字化身份,是以区块链技术为基础的,其具体价值可归纳为以下几点。

（1）保护用户隐私和安全，实现身份自主可控

用户的数字化身份具有不可伪造、冒用、盗窃的特点，有效保护了元宇宙中用户的隐私。数字化身份不但可以实现身份所有者完全掌控，而且还使得用户身份安全得到了应有的保证。

（2）数字身份可迁移

数字化身份的所有者，可以在元宇宙中任何需要的地方都使用和迁移这一身份。

（3）彰显品位和实力

在元宇宙当中，价格高昂的NFT数字艺术品、收藏品成为用户数字身份品位和实力的象征，同时也保证了用户数字资产的安全性。

3. 强社交属性

如今，我们使用微信、QQ、微博等社交软件进行的社交都属于虚拟社交。这些虚拟社交平台，虽然有的可以进行文字聊天，有的甚至可以进行语音、视频聊天，但并不能实现面对面社交。

对于这一点，元宇宙却做得很好。元宇宙中，用户之间进行社交，可以凭借自身的虚拟形象与自己设置的个人信息参数，在接近现实生活的场景体验中寻找到志同道合的人，并进行类似现实世界中双方或多方的面对面交谈，同时，还可以实现现实世界中的人与虚拟人物之间的对话。

元宇宙社交与虚拟社交相比，最直观的区别在于社交形式的改变。虚拟社交不受时间、空间限制，扩大了交友范围，却缺少了现实世界社交的真实感和趣味性。元宇宙社交，则更具有广泛性、安全性、隐私性和便捷性，更重要的是还原了真实社交场景，互动性增强，更像是线下、线上社交的结合体。元宇宙社交其实更像是虚拟社交的下一个发展阶段，有虚拟社交的影子，也有实体社交的特性，具有更强的社交属性。

4. 稳定化系统

元宇宙是一个全新的生态，在稳定的经济系统支撑下运行和发展。这一点与现实世界相同。

元宇宙的经济系统主要包含了四个方面。

（1）数字创造化商品

在元宇宙中，一切商品都是数字化商品。因此，没有数字化，就不会有用户沉浸式体验和商品交易，而这些数字化商品都是通过代码数据创造的，其丰富度和品质则保证了元宇宙的可持续发展。

（2）数字资产

数字创造出来的数字化内容可以作为数字资产进行交易。数字资产的生产方式有两种：一种是PGC，即专业生产内容，具有较强的专业性；另一种是UGC，即用户生产内容，这种方式在元宇宙中更加普遍。比如，用户可以进行文学创作，在经过元宇宙平台对其文学创作进行产权评估和界定后，就可以与其他用户进行资产交易。

（3）数字货币

不同的资产，会有不同的价值，而价值的大小则通过价格来衡量。元宇宙中的数字货币作为数字商品交换的媒介，使得交易得以实现。

（4）数字市场

有了商品，有了交易，便可以构建一个数字市场，有效盘活元宇宙中的数字资产，实现了资产的流动，使得元宇宙的经济体系能够永不停歇地运行下去。

数字创造、数字资产、数字货币、数字市场的有序运行，共同构成了一个完整、稳定、可持续发展的元宇宙经济体系。

元宇宙五个发展阶段

元宇宙可以被理解为一个虚拟世界。这个虚拟世界的发展要经历几个不同的阶段。

1.0阶段——数字化表达阶段

当前，我们生活在一个数字化时代。每个人、每件事情、每个场所都被数字化，并形成一个个数字节点，共同处在一个数字化网络生态当中。我们可以想象一下这样的场景：

早上，身份证号为1的你，乘坐2路公交，来到3号写字楼办公，打开了编号为4的电脑，进入IP为5的网络通道，浏览上传并下载了6个文件。办公室中的监控将你的一切行为拍摄下来，并测量了你的体温、心跳、血压，并将你的消费习惯、喜好等记录下来，最终将你的行为、身体状况、购物习惯等转化成数字代码，发送到后台，为你勾勒出一个数字节点。

这种数字化的表达方式，就是我们所说的数字经济，也是人类进入元宇宙的1.0阶段。

例如，领投扬数字养殖平台是基于区块链、NFT[①]等技术搭建的元宇宙场景，用户可以在该平台上认领虚拟羊，真实农牧场中的羊一比一对应，通过真实的电子耳标，做了NFT确权，保证每位认领用户的资产安全。这里养殖的数字羊，从出生到加工到快递到家均可追溯，整个过程透明可

[①] NFT：意为非同质化通证，实际上是一种数字资产形式。它所映射的是特定区块链上的唯一序列号，不可随意篡改，也不可以随意分割，也不可以随意相互替代，可以用来标记特定资产的所有权。

见，有效解决了用户对商品信息了解受限以及品质真假难辨等问题，实现了从传统电商向链商的转型。

2.0 阶段——虚拟场景阶段

虚拟场景阶段是元宇宙发展的 2.0 阶段。在这个阶段，由于设备受限，我们并不能直接走进元宇宙，而是只能复刻一部分视觉、听觉、触觉、嗅觉的体验。

我们可以借助 VR 终端设备以及体感设备、3D 技术，构建一个超脱现实的世界，但用户却能在这个虚拟世界中获得与真实世界相同的视觉、听觉、嗅觉、触觉体验。目前，一款名为 OhRoma 的产品可以模拟战争中硝烟的味道。

在这个阶段，一些基本的虚拟场景应运而生，如游戏、网上购物、社交等。比如，你可以通过虚拟影像的方式，与远在他乡的亲人聊天，虚拟影像会将对方的语言、表情、动作完全呈现，仿佛你此时此刻就在和亲人面对面聊天一样。

3.0 阶段——人脑接入阶段

在元宇宙发展进入 3.0 阶段——人脑接入阶段后，我们无需借助外接设备就可以直接通过电信号获得与现实世界相同的感官体验。

4.0 阶段——意识阶段

意识阶段是元宇宙发展的 4.0 阶段。在这个阶段，人类已经完全不受时间、空间限制，可以将意识上传到元宇宙当中，这样即便这个人已经在现实世界不存在，却在元宇宙中得到了永生。

5.0 阶段——孪生阶段

孪生阶段是元宇宙发展的 5.0 阶段，也是元宇宙发展的中级阶段。在这个阶段，人类可以将现实世界的各种规律、物理学、经济学等复刻到虚拟世界。这个虚拟世界就像是真实世界的孪生兄弟一样，并且彼此融为一体，人类能够在虚拟世界中体验现实世界所有可以尝试的体验，并且极具真实感。甚至还可以完成那些在现实世界中做不到的事情。

在这个阶段，我们坐在沙发上就能闻到身处花圃中的芬芳，感受身处外太空的失重感……

从以上发展阶段中我们可以看到，虚拟世界的规模将远超现实世界。这也就意味着，在元宇宙中所创造的经济价值也会远超现实世界。这一切的实现，并不是天方夜谭，只是时间问题。

第二章

关键技术：元宇宙落地的七大技术支柱

元宇宙是在现实世界的技术架构之上创造出的另一个虚拟的"平行世界"。因此，我们可以说，元宇宙是众多技术的集合体，元宇宙的落地，离不开VR/AR、云计算、虚拟引擎、数字孪生、人工智能、区块链、高性能无线通信网络七大关键技术的支持。

元宇宙落地的通信基础：高性能无线通信网络

移动通信技术在不断的更迭中经历了五个发展阶段：在 1G 时代，实现了音频传输；在 2G 时代，实现了音频 + 文字的传输；在 3G 时代，实现了图像传输；在 4G 时代，实现了视频 + 数据传输。如今，我们已经全面进入了 5G 时代，无线通信网络比以往任何一个时代速度都快，且延时低、耗能低。

以往，我们看无线网络视频的时候，往往会因为没有无线通信网络或者网络速度问题而需要不断刷新相应的画面，影响观看体验。5G 时代，生活中的绝大多数地方都会有网络覆盖，人们可以随时随地上网，实现了万物互联，而且画面卡壳的情况得到了有效改善。

元宇宙要求沉浸感、低延迟、随时随地，给用户带来实时、流畅的美好体验。因此，元宇宙的落地需要高性能无线通信网络的支持。元宇宙加载虚拟世界中的画面，对无线通信网络提出了更高的要求，只有在高性能无线通信网络的加持下，元宇宙中的社交、办公、游戏、购物等场景的体验才会变得更加完美、顺畅。

以元宇宙中的全息信息传递为例。全息通信将通过更加逼真的视觉还原技术，实现人、物、场景的三维动态交互，很好地实现了人与人、人与物、人与场景之间的沟通。但全息信息的实现需要无线通信网络的支持，而且对无线通信网络的要求更高，在实现大尺寸、高分辨率的全息显示时，需要实时交互峰值达到 150Gbps[①]。

[①] Gbps：即交换带宽，是衡量交换机总的数据交换能力的单位。1Gbps 是指传输速度为每秒 1000 兆位。

再以智慧交互为例。智慧交互需要实现情感思维的互通互动,需要将传输时延限制在1ms[①]以内。

面对这些要求,5G虽然较之前的移动通信技术有极高的传输能力,5G的网速峰值理论传输速度可达100Gb/s,时延为1ms,但并没有达到理想值。所以,5G技术推动元宇宙落地还"差些火候"。

当然,随着科技的不断进步,移动通信网络也必将向着更高、更好的阶段发展。未来,6G的网络覆盖能力比5G更强、速度更快、时延更低。可以说,6G时代的无线通信网络就是为元宇宙的落地而生的。6G将成为元宇宙落地的底层数字底座,支持元宇宙所需要的大量应用创新。

---

① ms:即毫秒。

算力基础：云计算

云计算被认为是元宇宙最重要的基础设施之一。

什么是云计算呢？云计算其实就是分布式计算的一种，由一系列可以动态升级、被虚拟化的资源组成，可以通过网络"云"将巨大的数据计算传输到更多的系统进行处理和分析。

云计算作为元宇宙落地的重要基础设施，具备了构成元宇宙的一些重要特质。

1. 打破时空限制

元宇宙的构成框架是虚拟化的，因此，在元宇宙中使用虚拟资源进行相关应用的时候，都可以打破时间和空间的束缚，随时随地可以使用。

2. 实现动态拓展

在元宇宙的服务器上使用云计算，可以有效增强服务器的运算能力，使动态虚拟化层次被拓展，最终实现元宇宙中虚拟场景的动态拓展。

3. 具备强兼容性

当前，许多软件都具备兼容性，而且可以兼容虚拟化。将虚拟化统一放在云计算的虚拟池中，即便是不同的元宇宙服务设备，都可以通过云计算获得强虚拟化兼容。

4. 具备高可靠性

云计算可以将巨大的数据计算传输到更多的服务器系统当中，这样即便其中一个服务器出现故障,云计算也不会受到影响。如果单一的服务器崩溃,云计算可以借助动态拓展将数据计算传输到一个新的服务器系统进行处理和分析。

5.获得高品质体验

云计算具有强兼容性特点,即便配置较低的硬件设备,也能带来画质精美、清晰度高、流畅度好的画面,不但普通用户无需购买高配置设备,节约了成本,而且还可以轻松参与到元宇宙当中,获得高品质体验。

可见,云计算为元宇宙的随时性、高算力、高可靠性、强兼容性、高品质体验的特性打下了基础。

生成逻辑：人工智能

元宇宙是一个多元化世界，由不同虚拟角色组建而成，人们可以随意扮演各种角色。然而有些角色，如动物、植物等，可能没有人去扮演，如果缺少了这些角色，就会使得元宇宙世界不够完整，这时就需要一个可以与人自由交流的机器来扮演那些无人扮演的角色，这就需要人工智能技术来实现。

什么是人工智能呢？

从广义上来讲，人工智能可以说是研究并开发用于模拟、延伸和扩展人的智能的理论、方法、技术以及应用系统的一门新的技术学科。

从科技角度来讲，人工智能就是集深度学习、计算机视觉、智能机器人、自然语言处理、实时语音翻译、情景感知计算等技术于一体的前沿科技。

更为通俗的理解是：人工智能是借助逻辑学、归纳学、统计学、控制学、工程学、计算机科学、心理学、哲学、生物学、神经科学、仿生学、经济学、语言学等学科的帮助，使得机器可以像人一样听、看、学习、运动，可以胜任一些通常需要人类智能才可以完成的复杂工作。

在元宇宙构建过程中，以下人工智能技术的重要性不容忽视：

1. 计算机视觉技术

计算机视觉是指计算机从图像中识别物体、场景和活动的能力。简单来讲，就是用摄影机和电脑代替人眼对目标进行识别、跟踪和测量等机器视觉，并进一步进行图形处理，使得电脑处理成为更适合人眼观察或传送给仪器检测的图像。用一句话概括，即计算机视觉是一门研究如何使机器"看"的科学技术。

借助计算机视觉技术，可以实现世界图像的数字化，为元宇宙提供虚实结合的观感。

2. 机器学习技术

人工智能是对人脑智能的一种模仿，能够使计算机在分类识别领域有更好的突破。人工智能具备"人工神经网络"程序，它模仿人脑机制来训练和预测数据，如图像、声音、文本等。人工神经网络可以将海量数据拿过来投放在算法当中，系统会自动从数据中进行自我学习，也使得"机器具备了学习能力"。

机器学习的本质就是将人的操作或思维过程的输入与输出记录下来，然后统计出一个模型来对新的数据进行预测，使得这个模型的输入、输出产生同人类相似的表现。

在元宇宙中，机器学习技术为提升所有系统和角色的学习水平，提供了有力的技术支撑，极大地提升了元宇宙的运行效率和智慧程度。

3. 自然语言处理技术

元宇宙中，真实世界的人与虚拟世界中的角色可以进行语言沟通与交流。人工智能的自然语言处理技术是实现这一点的技术保障。

自然语言处理是计算机拥有的人类般的文本处理能力。简单来讲，就是用人工智能来处理、理解和运用人类语言，"让机器可以理解自然语言"。自然语言技术有广泛的应用，除了机器翻译之外，还有手写体和印刷体字符识别、语音识别后实现文字的转换、信息检索、文本分类与聚类、舆情分析和观点挖掘等。这些应用中涵盖了语法分析、语义分析、篇章理解等技术，可以说是人工智能领域最具前沿性的技术。

自然语言处理技术为元宇宙中主体与客体之间、主体与系统之间的精准理解和交流提供了有力的保障。

4. 智能语音技术

在元宇宙中，人与机器之间的沟通和交流离不开智能语音技术。

智能语音技术是实现人与机器沟通的重要方式，包括语音识别、性别识别、年龄识别、情绪识别、语音合成、歌声合成、语音翻译、语音识别、语音唤醒、声源分离、场景识别、语音去噪等。基于这些技术，人机交互不但能听会说、简单问答，还能带来情感上的反馈。

智能语音为元宇宙用户之间、用户与机器之间的交流和识别提供了有效的技术支撑。

总之，人工智能为元宇宙的虚实结合提供了技术支撑，成为驱动元宇宙落地的强大动力，使元宇宙具备多元性与沉浸感。

认证机制：区块链

元宇宙需要构建一个独立的经济体系，而这一体系的构建需要区块链技术。区块链技术对元宇宙构建的贡献主要体现在以下几点：

1. 分布式账本

区块链技术，首先是一种去中心化节点的分布式账本。这个分布式账本，其实就是一种可以在网络成员之间共享、复制和同步的数据库。分布式账本的作用就是记录网络参与者之间的交易数据。

在交易的过程中，基于区块链可以将不同地方的交易行为共同记录在网络节点上，每个节点都参与其中，并相互监督交易的合法性，与此同时也承担着为其他用户作证的职责。与传统记账方式相比较，区块链的这种分布式记账方式有效地避免了单一记账人因不可控因素而出现记假账、篡改事实的行为，从而更好地保障了账目数据的真实性和安全性。

在元宇宙的价值系统中，存在虚拟商品交易，并与现实世界一样，虚拟商品也具有稀缺性。物以稀为贵，这使得虚拟商品变得更加昂贵。但如果将一件虚拟产品通过 NFT 确权后，这件 NFT 数字艺术品在特定区块链拥有唯一的权利证明，不但使得收藏更加平民化，更多的人能以有限的资金成为数字艺术作品的收藏家，而且不需要担心收藏和流通过程中的安全性。

因此，分布式账本技术，有效保证了元宇宙中商品收藏和流通的安全性，也有效保证了人物数字身份的唯一性，从伦理和文明方面，保障了元宇宙世界的和谐与安定。

2. 共识机制

在现实社会中，只有多个事件参与者能达成一个共识，才能保证事情的顺利进行。在元宇宙中同样如此。

在区块链的共识机制下，特殊节点上的用户参与投票，在短时间内完成对交易的验证和确认。当用户意见不一致时，就需要若干个节点共同参与并达成共识，从而建立起各节点用户之间的相互信任关系。

共识机制能够有效保障元宇宙用户之间的交易公平性和透明性，从而有效解决用户与用户之间的信任问题。

3. 非对称加密

区块链技术无论在开发过程中还是在应用过程中，数字加密技术都是关键。一旦加密方法出现错误或遭到破坏，那么整个区块链的数据安全也将受到威胁，并且区块链的不可篡改性也就此丧失殆尽。

加密算法通常分为对称加密算法和非对称加密算法两种，非对称加密算法是由对称加密算法演变而来的。要想很好地理解非对称加密算法，就得先从对称加密算法说起。

就好比 A 开箱子的钥匙，一定要和 B 锁箱子的钥匙一致，才能打开 B 锁的箱子。但如果有人盗用 B 的钥匙，同样可以打开箱子。为了解决这个问题，就需要使用非对称加密算法，即使用两个非对称的密码——公钥和私钥。

公钥可以向其他人公开发布，用于发送方要发送的加密信息；私钥则保密，用于接收方解密接收到的加密内容，而其他人无法通过该公钥推算出相应的私钥。虽然存储在区块链上的交易信息是公开的，但是账户身份信息是高度加密的，只有在数据拥有者授权的情况下才能访问，从而保证了数据的安全和个人的隐私安全。

由此可见，非对称加密能够保证元宇宙中用户交易的隐私和安全。

4. 智能合约

人们在制定一套制度的过程中，难免会出现人为漏洞或错误，智能合约将合同变成代码的形式放到区块链上，一旦合约条款触发了某一条件，这个代码就会立即"铁面无私"地自动执行。

区块链技术的智能合约可以实现元宇宙内的价值流转，对元宇宙内数字资产的产生、确权、定价、流转、溯源等环节提供了底层技术支持，同时也加强了元宇宙经济体系的稳定性。

区块链技术为元宇宙经济系统有序运转、数字资产和身份安全、交易隐私提供了重要保障，同时也协助系统运行实现了透明化。有了区块链技术的支撑，我们便可以构建一个共建、共享、共治的元宇宙。

基础设施：VR 与 AR

元宇宙落地的基础设施之一就是 VR 与 AR。可以说，目前，VR 与 AR 是元宇宙的最佳呈现载体。

VR，即虚拟现实。借助 VR 技术打造的设备，可以在密闭空间环境下输出视频内容，给用户一种在虚拟世界中的完全沉浸的体验，可以为用户创造另一个世界。但 VR 设备也有一定的局限性，如用户只可以戴着 VR 设备在一定的空间范围内活动，不具备很强的移动性。

AR，即增强现实，是利用计算机视觉方法，生成具备逼真的视觉、听觉、触觉的虚拟环境，用户借助必要的 AR 技术设备与虚拟世界中的物体进行交互，从而产生亲临真实环境的感受和体验，以此增强对现实世界的感知。

VR 与 AR 的不同之处在于：VR 将用户的感官置于计算机生成的数字化环境当中，而 AR 则是在 VR 的基础上将环境感知、高精度定位、光学成像等技术进行叠加，实现虚拟信息与真实环境在同一时空下的动态实时共存，为用户带来"身在现实却又超越现实"的体验。

沉浸式体验是元宇宙的基本特征之一，借助 VR 与 AR 技术，可以很好地实现这种沉浸式体验。可以说，VR 与 AR 技术是通往元宇宙的关键接口。

VR 与 AR 技术在催生元宇宙的过程中，主要以三种形式发挥作用。

1. 显示

显示技术是最基础的技术，也是最核心的技术，在元宇宙中，显示技术起到了提升视觉效果的作用。

第一篇 解密篇：从零开始认识元宇宙

显示技术在 VR 设备与 AR 设备中，显示图像画面对于显示硬件的像素密度、分辨率、反应速度等有非常高的要求。目前，主流的 VR 设备与 AR 设备采用的显示屏幕是 Fast－LCD。其优点是屏幕色域广，反应速度快；其缺点是分辨率不足、像素密度不够，不能为用户带来极佳的观感体验。

2. 交互

交互技术是最关键的技术，在元宇宙中起着影响用户操作逻辑的作用。

交互技术能够使用户在使用 VR 设备与 AR 设备的过程中，捕捉用户意图、行为、反馈等拟真感官体验，以此实现人机交互。目前，手势交互是 VR 与 AR 技术支持元宇宙落地的一个主要手段，并且以控制外设感知手势为主，也有部分已经升级为计算机视觉识别手势。但总的来说，交互技术并不成熟，离实现便捷、拟真交互体验还有较大差距。未来，交互技术还需要全面拓展感官反馈，需要融入更多的触感反馈。

3. 图形

图形技术是最重要的技术，在元宇宙中影响虚拟画面呈现。

图形技术主要是在计算机中处理、构建和优化图形图像，使其在元宇宙落地过程中，实现精细度、拟真度更高，抗干扰、时延短的目的。

图形技术，主要包括 3D 建模技术、渲染技术和定位技术。

（1）3D 建模技术

VR 与 AR 带来了巨大的革新，打破了 2D 结构世界的束缚，呈现出全新的 3D 空间的交互和体验。3D 建模技术在元宇宙中，用于构建虚拟环境、虚拟建筑、虚拟人物，使得画面中的人或物变得更具立体感，同时也增强了人与物的真实感。

（2）渲染技术

目前，渲染技术主要应用于传统游戏、电影当中，属于"静态渲染"。但元宇宙需要的是全方位感知和交互，显然目前的渲染技术难以达到元宇宙的渲染速度和时延需求。所以，渲染技术需要与云计算、人工智能等技术结合才能达到元宇宙的渲染目的。

（3）定位技术

定位技术主要是在元宇宙中帮助用户获取真实物理空间位置以及用户动作、自然环境等位置信息，以此辅助形成虚拟环境、虚拟事物、虚拟人物。

总而言之，VR与AR作为重要技术，在元宇宙落地的过程中起到了举足轻重的作用。有了VR与AR技术，在元宇宙当中，用户戴上VR或AR设备，就能体验虚拟过山车、密室探险等，也可以开虚拟会议，或与相距千里之外的人面对面交流。

拟真技术：虚幻引擎

元宇宙打造的是一个虚拟世界，在这个世界中构造的虚拟人物、虚拟事物、虚拟场景以及整个虚拟世界的运行，都离不开虚幻引擎技术。因此，虚幻引擎技术也是实现元宇宙的基础设施之一，在元宇宙构建过程中发挥了重要作用。

什么是虚幻引擎呢？虚幻引擎是一款游戏引擎。早期主要是为了开发第一人称射击游戏而设计，但现在经常用于游戏和影片制作当中。尤其对于元宇宙的落地来讲，虚幻引擎技术的应用可以创建高质量、拟真的视觉效果。因为，虚幻引擎具有以下强大功能。

1. 高级动态阴影

虚幻引擎能够让场景中的所有物体精准地投射阴影，同时还能保留完整的动态高光和反射效果。另外，虚幻引擎的高级动态阴影功能，还可以根据美工的意愿，实现物体阴影的自由混合，从而使得元宇宙中的人、物、场看上去更具真实感。

2. 高精度动态渲染

在3D游戏中，每个场景的构筑都需要借助虚幻引擎做很多图形处理工作，需要显卡根据图形透视原理，通过多个三角形组合来完成。这个过程既要根据视觉规律，保证景物近大远小的透视效果，还要站在第一视角呈现出真实的遮挡效果。除此以外，虚幻引擎还可以为场景中的物体提供较高的颜色精度，同时还可以在后期制作过程中添加特效，如光晕、景深等动态渲染效果。今天，我们看到的游戏、电影、动画，甚至人机界面，其核心都是虚幻引擎作为创造 3D 数字内容的手段。

3. 骨骼动画系统

在元宇宙中，为了达到更加逼真的效果，我们需要通过一定的技术手段将虚拟人物进行拟真操作。虚幻引擎支持虚拟人物骨骼效果以及复杂骨骼结构的构建，这样一来，每一位游戏角色都有 100~200 块骨头。此外，虚幻引擎还可以通过物理控制器实现对力的物理响应。

比如，游戏中的一个人物角色，在受到外力撞击时，虚幻引擎会根据骨骼实例的动画信息，执行骨骼实例的移动，并修改骨骼实例在移动过程中与游戏地面进行碰撞的时间间隔。这种更加拟真的操作可以给游戏者带来更具写实感的游戏体验。

4. 支持多种语言

虚幻引擎提供的脚本编辑器，可以将数据资源和代码实现地方化，能够通过简单的框架扩展游戏中的文字、声音、图像和视频。目前，虚幻引擎技术应用于游戏当中，可以支持 9 种语言发布，并且同样适用于元宇宙构建。

虚幻引擎满足了元宇宙构建过程中相关功能的需求，将虚幻引擎的这些功能注入元宇宙体验当中，可以以更加拟真的画面震撼每一位用户。可以说，虚幻引擎是元宇宙的灵魂，决定了元宇宙中的虚拟世界的最终效果。

实时映射：数字孪生技术

元宇宙是一个包罗万象的无限接近真实的虚拟世界，除了需要 VR/AR、云计算、虚幻引擎、人工智能、区块链、高速无线通信网络的助力之外，还需要数字孪生技术的支持。

什么是数字孪生技术呢？

在认识数字孪生技术之前，我们再重温一下"元宇宙"的概念。元宇宙是参照现实世界物理元素，以真实或假想的逻辑，刻画出的一个虚拟世界。

数字孪生技术是利用物理模型、传感器，再加上多学科、多物理量，而进行仿真的一门技术。数字孪生技术，是参照现实物理元素，在虚拟空间内建立一个与现实物理元素比例为1：1的动态孪生体。这个动态孪生体是对现实世界的完美重现，是对现实物理空间规律的完全复刻、延伸和增强。换句话说，数字孪生技术是虚拟世界对现实世界的投影，是对现实世界完全同步的"克隆"。

数字孪生技术的作用主要是同步现实世界物理元素的状态和变化，达到优化现实世界的生产效率和用户体验的目的。

我们今天所说的虚拟人，其实就是数字孪生技术的初级应用。在元宇宙中的虚拟身份、虚拟物体、虚拟场景才是真正的虚拟数字人，是借助数字孪生技术与可穿戴设备技术相结合而构建的一个与现实物理世界实时同步的数字孪生技术人、数字孪生技术物、数字孪生技术场景。

由此来看，数字孪生技术是元宇宙落地的关键技术，是实现现实物理世界虚拟化的核心技术，在元宇宙落地的过程中起着举足轻重的作用。如果没有数字孪生技术的作用，构建真正意义上的元宇宙也不可能实现。

第三章

看透本质:揭开元宇宙撬动万亿市场的秘密

元宇宙虽然还处于探索和商用的初级阶段,但人们对于元宇宙的青睐程度却一路高涨;不但吸引巨额资本投入,还吸引全球各大科技巨头开抢技术争霸的机会。无论投资者还是使用者都希望能够搭上元宇宙这趟顺风车,给自己带来更多的赚钱机会,提升综合实力。透过现象看本质,我们会发现元宇宙能够撬动万亿市场背后的秘密。

元宇宙时代：数字技术驱动的信息革命

近年来，元宇宙成为各行各业十分火爆的话题，很多有关元宇宙的新公司正如雨后春笋般出现，甚至一些行业大佬也开始纷纷转型，向元宇宙领域进发。元宇宙之所以能够吸引资本兴趣，其中一个原因就是数字技术驱动。

人类的发展史就是一次次科学和技术的变革史，这些变革在工业革命中得到了最好的体现，最终促进了人类生活、生产方式的巨大变革。

1. 第一次工业革命：机械制造时代

1763年，自从瓦特设计的蒸汽机正式商用，人类便进入了蒸汽时代，以蒸汽机取代人力的机械化制造生产诞生，人类也进入了第一次工业革命时代，即机械制造时代。这个时代，实际上是水力和蒸汽机实现工厂机械化，从而使得机械生产取代了最原始的手工劳动，使当时经济社会从农业、手工业为基础向工业、机械制造业转型，从而带动经济发展的新模式。

2. 第二次工业革命：电气自动化时代

20世纪初，第二次工业革命全面爆发，人类进入了电气时代，电力的广泛应用促进了生产流水线的出现。在这个时代，社会生产在劳动力分工的基础上采用电力来进行大规模生产，与此同时，零部件生产与产品装配的分离得以实现，因此出现了产品批量生产的新的更为高效的模式，也出现了继电器、电气自动化控制机械设备等。

3. 第三次工业革命：电子信息化时代

20世纪后半期，人类开始进入科技时代，电子计算机技术得到了迅猛发展，人类作业被机械自动化生产制造方式逐渐取代，自此第三次工业革命全面爆发。在这个时代，生产效率、分工合作、机械设备寿命、良品率都有了前所未有的提高。人类作业已经逐步被机器所取代，因此部分体力劳动和脑力劳动可以由机器来完成。这一时期出现了信息技术自动化控制的机械设备。

4. 第四次工业革命：智能化时代

智能化时代被认为是人类步入智能制造为主导的第四次工业革命。在这个时代，全产品生命周期、全制造流程开始数字化，基于信息技术的模块开始集成。与此同时，一种高度灵活、个性化、数字化的产品与服务的全新生产模式也即将形成，智能化时代是一场从自动化生产到智能化生产的巨大革命。

5. 第五次工业革命：元宇宙时代

元宇宙是一种集信息革命、互联网革命、人工智能革命等在内而构建的全息数字世界。元宇宙实际上是借助更多前沿技术，包括VR/AR、云计算、虚幻引擎、人工智能、区块链、高速无线通信网络、数字孪生而构建的一场数字技术驱动的信息革命，是开启第五次工业革命的钥匙。既然元宇宙时代是第五次工业革命，那么它一定能够充分影响人类社会进程，使得人类社会同时也进入一个新的层次，即"虚拟时代"。

成熟的元宇宙时代，可以将现实世界与虚拟世界完全融合在一起，形成了以数字技术驱动的真正意义上的"互联互通"。元宇宙时代的人处于一个数字化时代，用户需求直接转化为数据和算法产品，而且无论生活成本还是生产成本都可以降到最低。此外，与智能时代相比，成熟的元宇宙时代，在虚幻引擎、数字孪生技术的推动下，可以将物理世界与数字环境建立联系，可以实现数字化产品的规模化复刻，而且在复刻的虚拟数字环境中，还可以对生产过程进行回溯和预测，实现工业价值创造的新突破。除此以外，我们还可以在虚拟数字环境中进行物理世界中难以操作的实验。

任何一次工业革命，都会撬动亿万市场。元宇宙作为第五次工业革命亦是如此。

元宇宙：互联网技术演化的下一"继任者"

在推动人类发展的过程中，互联网技术功不可没。随着元宇宙被越来越多人关注和研究，作为一个超越现实世界，与现实世界有关联，并始终在线的虚拟世界，元宇宙也被认为是互联网技术演变的下一阶段。

在过去的十多年里，互联网的发展如火如荼。最终，少数公司控制着网络搜索、数据存储、在线身份管理以及社交沟通平台，并形成了近乎垄断的局面。比如，百度为广大用户提供了最快捷和便利的搜索服务，获得了搜索流量控制权；腾讯构建了最大的社交网络平台，获得了大批用户。

随后，移动互联网的出现使得移动智能设备走进了千家万户，并得到了普及，极大地丰富和改善了人们的生活。然而，如今用户红利却在逐步消失，互联网、移动互联网也没有太大的创新。这就使得科技行业的发展出现了瓶颈。此时的互联网、移动互联网急需新的发展形态来刺激市场，以此盘活用户存量，提高用户的体验感，继续挖掘流量红利。

当下，对于元宇宙的出现，人们将其称为"互联网 3.0 时代"或互联网演化的更高阶段。Facebook 创始人扎克伯格将元宇宙比作移动互联网的下一代"继任者"。为什么呢？

首先，拥有相同特质。

互联网、移动互联网具有社交性、开放性、平台性、信息流网络的特性。元宇宙中同样存在社交，而且不仅仅是虚拟社交，还可以是现实世界与虚拟世界之间的社交；元宇宙同样是一个开放的世界，对于一切都是开放的；元宇宙具有平台属性，用户在元宇宙这个平台上，可以做他们想做的任何事情；从信息传递来看，元宇宙将人类最初的传递图文信息、视频信息，进化到了传递物理信息，实现了在虚拟空间中传递显示信息的互动操作。因此，元宇宙也具有信息流网络特质。可见，元宇宙拥有与互联网、移动互联网相同的特质。

其次，沉浸感逐渐升级。

如今，我们的生产、生活、工作、娱乐、社交、消费等一切活动都离不开互联网和移动互联网。在未来，生活在元宇宙时代，人们同样可以参与这些活动。但不同的是，移动互联网下用户参与活动的沉浸感要比互联网有所提升，而元宇宙时代的沉浸感要更高于移动互联网时代。同时，虚拟与现实之间的距离也从互联网、移动互联网到元宇宙，逐渐缩小。简言之就是，在元宇宙时代，用户的参与度、获得的沉浸感、虚拟与现实之间的距离都达到了峰值。

再次，用户自主掌控权升级。

互联网发展的不同时代都有各自的发展特点。

（1）互联网1.0时代——PC互联网

在互联网1.0时代，用户只能被动参与到互联网中，并接受互联网内容，用户很少能够深度参与到互联网建设当中，没有自主掌控权，掌控权掌握在那些互联网大佬手中。

（2）互联网2.0时代——移动互联网

在互联网2.0时代，用户可以自主创建互联网相关内容，但流量与利益分配权却被互联网巨头所把控，且隐私和安全存在一定的隐患。比如用户可以自主创作短视频、做直播等，而他们所获得的流量和赚取的分红则完全由短视频平台、直播平台说了算。

（3）互联网3.0时代——元宇宙

在互联网3.0时代，用户成为真正的互联网相关内容的创建者和创作者，而且所创造的一切都以数字资产的形式归创作者所有。因此，元宇宙时代是一个更加开放、公平、安全的网络时代，是以往两个时代的简单升级，而且有效解决了平台上的利益分配问题。

最后，商品概念及其维度逐渐升级。

在互联网时代，互联网上销售的是物理性的商品，以一维的形式存在；在移动互联网时代，移动互联网上销售的商品更多的是服务，形态则从一维变成了二维；在元宇宙时代，销售的是数字商品，商品则以三维的形式存在。

由此可见，元宇宙既具有互联网、移动互联网属性，又是互联网、移动互联网的迭代升级，同时也是有别于互联网、移动互联网的全新运行机制。将元宇宙称之为"互联网3.0"十分恰当。元宇宙作为下一代互联网，会超越以往任何一个时代，成为一个全新的存在，为互联网的进阶迎来更高的商业价值和红利。

虚实世界的跨越与融合

以往，人们总是认为虚拟世界就是人们幻想出来的世界，是在现实世界中不存在的世界，虚拟世界与现实世界是两个相互对立的世界。

但元宇宙的出现打破了这样的认知。现实+虚拟是元宇宙的存在模式。这种模式可以将人的各种身份、现实世界中的各种事物，与虚拟世界进行融合，最终实现虚拟世界与现实世界的跨越和融合。

以元宇宙游戏为例，玩家除了能获得沉浸式体验，还能打通虚拟世界与现实世界的壁垒。比如，游戏中出现的工具、装备等，在现实世界中就真实存在。甚至在未来，如果我们想看一场演唱会，却不想把时间花在去演唱会现场的路上，我们也可以在元宇宙中直接观看现实世界中的真人演唱会。

例如，著名说唱歌手Travis Scott曾在"Fortnite"①和"Roblox"②上举办生日派对活动。

著名歌手Lil Nas X，在"Roblox"举行了一场虚拟演唱会，吸引了超过3000万用户观赏。而且用户在观看虚拟演唱会的同时，还可以打雪仗，其欢乐氛围不亚于现场版演唱会。

在疫情的影响下，UC Berkeley（加利福尼亚大学伯克利分校）等高校开天辟地地在"Minecraft"③，复制了校园实景，并举办了一场毕业典礼，其对现实场景的还原度超过90%，同学们可以在复制校园里的任何角落参

---

① "Fortnite"：译为"堡垒之夜"，是一款第三人称的射击游戏。
② "Roblox"：译为"罗布乐思"，是一款兼容了虚拟世界、休闲游戏和自建内容的游戏。
③ "Minecraft"：译为"我的世界"。

观这场与众不同的毕业典礼。

相关学者在"动物森友会"①中召开过与AI有关的学术会议。

某知名品牌公司与Roblox合作，推出了一场虚拟展览，用户在Roblox平台上可以欣赏这场展览，并有机会选购自己喜欢的虚拟商品。

这些都是元宇宙中虚实世界跨越和融合的经典。总的来说，就是人们可以在虚拟世界中体验到现实世界中无法体验的快乐。元宇宙得以实现的基础是相关技术的支持，如果没有这些技术的推动，元宇宙就像是一个空想家一样，一切都只是空想。

从本质上看，元宇宙是借助数字孪生技术构建的一个与现实世界一一对应的虚拟空间。因此，借助数字孪生技术，我们可以将现实世界映射到虚拟空间，最终达到虚实相生的状态。

虚拟世界与现实世界原本是两个存在边界的世界，但两者的边界在元宇宙中会变得越来越模糊，最终两者之间的关系就像一枚硬币的两面，相互融合，相互依存。

人们的需求不仅包括生理需求，还包括心理需求，元宇宙实现了虚拟世界与现实世界的跨越与融合，同时满足了人们的生理需求和心理需求，更重要的是推动了虚拟经济的发展，也推动了与之相关的实体经济的发展。可以说，元宇宙实现了虚拟经济—实体经济发展的正循环。这也是元宇宙能够撬动万亿市场的秘密之一。

---

① "动物森友会"：是一款模拟生存、开放剧情类的游戏。

连点成线的技术创新总和

元宇宙能够撬动万亿市场的秘密中,连点成线的技术创新不容忽视。

因为,元宇宙本身是由多个关键技术共同合力作用和支撑下构建而成的。在这个过程中,一系列关键技术连点成线,进行产业聚合,打破了现实和虚拟的界限,是促进虚实结合的关键力量。

任何技术都是在不断发展和创新中迭代和升级。元宇宙的构建,其背后蕴含的秘密,同样离不开这些连点成线技术的创新。

从时间上来看,元宇宙相关技术创新经历了三个发展阶段:

第一阶段:基础阶段

技术创新的基础阶段,主要技术包括大数据、互联网、物联网、云计算、区块链、高速无线网络通信、VR/AR、传感器、3D引擎、NFT等。这些技术的引用可以满足人们正常生活、生产的要求。

第二阶段:中级阶段

技术创新的中级阶段主要包括3D虚拟办公、超高精度显示、3D社交平台、多感官设备、虚拟货币与现实货币接轨、全息视觉体验等。在这个阶段,我们正在努力加速实现技术创新的无缝融合。

第三阶段:高阶阶段

技术创新的高阶阶段主要包括虚拟世界沉浸式设备、虚拟现实同步设备、虚拟世界经济体系和现实世界的融合、高保真与高UGC生产等。这个阶段可以说是技术创新的"天花板"。

元宇宙则是将技术创新三个阶段中的大量离散的单点技术聚合起来,将其连点成线而构成的新物种。从长远来看,基于此而构成的元宇宙,在未来应用的过程中将为各领域带来超乎想象的潜力和商机。

对"人""物""场"的重构

人类社会之所以能够一直向着更高阶的方向发展，是因为人们总是善于借助技术手段将身边的资源盘活，并将市场蛋糕做大。一个发展良好的经济生态体系，是离不开人、物、场这三个要素的，这也是一个亘古不变的铁律。

元宇宙借助相应的技术手段，将为人们打开一扇全新的大门，构建一个全新的经济体系，为人们迎来人人经济、处处消费、产销融合的新时代。在这个新时代，人、物、场已不再是以往时代的人、物、场，而是被进行了重构。

1. 人的重构：数字身份实现主体身份异构化

当下现实经济市场中的"人"就是指真实的消费者，是人、物、场整个链路中最重要的组成部分。现实世界中的消费者具有一定的生命周期，商家可以通过其浏览、互动、兴趣、复购等相关数据信息来为其添加标签，并进行定群分组，然后为其设计针对性内容以满足其需求，最终将其沉淀下来，延长其生命周期，为商家贡献更多的价值。

元宇宙中的"人"则有别于现实世界的真实身份而存在。通过实体身份的映射，以数字身份的形式存在，实现身份异构。在元宇宙中，用户身份隐私和安全会受到区块链的保护，即便获得用户的授权，商家也需要分辨面前的用户在现实世界中与元宇宙中的身份是否有所区别。元宇宙中的虚拟形象并不是现实用户的"孪生体"，也有可能是现实用户的增强版或者异化版的映射。你可以在不同的元宇宙空间里做女王、做富商、做一个可爱的小动物……所以，你在元宇宙中看到的某个时尚美妆达人，她在现实世界中的真实身份很可能是一位满脸胡楂的中年大叔。

2. 物的重构：虚拟化、现实增强实现资源永续化

现实世界中，衣食住行是每个人的生活刚需，而且这些物品都具有不可再生的特点。一旦这些物品、资源使用完毕或者过度开发就会消失殆尽，甚至造成无法挽回的损失。

在元宇宙中，人们的生活同样离不开衣食住行。需求决定供给。在元宇宙中，这句话同样适用。元宇宙具有无限空间延展的特点。元宇宙中的任何物品都可以借助数字孪生技术进行复制，具有虚拟化、现实增强的特点。但元宇宙中的物品可同时存在独一无二的特征，即在 NFT 技术的作用下，使得物品经过确权、流转、溯源等流程后，被赋予独特的存在价值，如收藏价值。

2021 年 12 月，天猫数字产品为天猫超级品牌主理人 AYAYI 打造了三款专属配饰，共限量发行了 500 份。这三款数字配饰是以数字世界的微生物、感官逻辑、思维运转为设计灵感，在配色上选择银色金属质感，并搭配独特的造型，充满了科技感与未来感。消费者要想获得该数字藏品，必须登陆淘宝网站后在搜索栏中输入"数字藏品"，并以抽奖的方式获得该数字藏品。

虽然说，元宇宙是一个开放的虚拟世界，但并不意味着元宇宙是一个无规则的"绝对自由"的时代。元宇宙中的商业、物品、货币、规律、法则、组织、虚拟人、公司等，都要遵循相应的规则。

当然，元宇宙中的物品并不需要遵循现实世界的经济法则、交换逻辑和价格定位。以元宇宙中的物品定价来说，其定价是按照元宇宙中的"算法消耗值"定价的，消耗越多，价格越贵。

3. 场的重构：沉浸、交互体验构建数字化新阵地

在现实世界里，人们购物、消费的场景要么在线下实体店完成，要么在线上店铺完成。虽然线上店铺购物也可以通过商家打造的商品墙获得沉

浸式体验，能在与客服沟通的过程中获得交互体验，但这种沉浸感和交互体验依然与线下实体店有所区别。

元宇宙则是虚拟世界与现实世界相融合的产物，在元宇宙中消费，消费场景具有数字化特点，而且可以获得线下实体店甚至超过实体店的更好的沉浸式体验和交互体验。

元宇宙重构人、物、场，给人们带来了更加积极有益的启示，也必将推动各产业进入一个全新的时代，帮助各产业迎来更加巨大的红利。

第四章

价值挖掘：引发生活和社会经济发展的巨变

元宇宙成为时下热词，掀起了一场热潮并不是空穴来风，而是因其的确蕴含巨大的社会价值，比如能够为不同行业数字化发展提供算力算法，能让人与人之间打破现实与虚拟世界的界限实现无碍沟通，能够全面实践沉浸式购物体验等。总之，元宇宙是一场科技革命、生产力革命和生活方式革命，将为我们的生活和社会经济的发展带来巨大的变化。

技术整合交互协作，提高工业生产效率

工业领域的发展是以数字化模型或专业化技术工具的推动来实现的。工业化先进程度取决于技术的整合与协作程度。科技在工业领域的应用往往涉及研发、生产、协作、管理等多个环节。科技在各环节的应用，可以有效提升生产效率。

元宇宙是依托 VR/AR、人工智能、大数据、区块链、数字孪生等技术在内的一系列前沿技术，打造的一个能够打通现实世界与虚拟世界的新世界。元宇宙与工业领域融合将会为制造业的发展打开一片新天地。

首先，消费者参与新品研发。

得益于 AR 眼镜打破了生产协作时空限制的特点，在工业生产中，客户除了可以看到眼前的事物，更重要的是能将三维虚拟设计的剖面图直接投射到空气当中，消费者能从不同角度看到这款产品的不同侧面、纹路、图案、切割等细节。如果客户对产品任意一个地方感到不满意，生产人员可以直接在投射的三维立体效果上进行更改和完善，直到客户满意为止。

其次，提前验货，实时纠错。

AR 技术的应用打破了时空限制，还有效解决了供应链效率的问题，降低了人力、运营、时间等各方面的成本。

生产人员只需戴上 AR 眼镜，就能在虚拟世界中工作。这与以往现实世界的工作相比，更具有参与感和实时性，而且可以得到 AI 的指导与决策支撑，提前验证产品结果，并进行实时纠错。

再次，快速解决售后问题。

以前，售后往往需要技术人员在全国奔波上门做检测，并为客户提供

解决方案。在元宇宙时代，技术人员可以借助数字孪生技术，快速将客户所处的环境搬到自己眼前，无需舟车劳顿便可以快速找到问题症结所在。即便技术人员不在场，也可以轻松解决售后问题。

最后，实现供应链协同。

以往，制造业产业链上各个企业之间因为地理位置受限，就会形成上下游关系。比如，下游的客户想要定制一辆汽车，首先需要向汽车制造商提供各项定制指标。然后汽车制造商再将这些指标传送给上游多家生产汽车零部件的企业，这些零部件生产之后经过好几天的运输给中间的汽车制造商，最后再由汽车制造商将零部件进行组装，才能做出一个定制成品。

在元宇宙时代，所有工厂都可以虚拟化，上下游的所有企业、客户都进入元宇宙，从而建立起一个协同网络。在这里，上下游所有参与者只见到信息沟通相当便捷，企业之间的协同也相当容易。一件定制产品信息没有时空限制，在三方中快速传递，也就能够很快完成。因此，元宇宙的出现有可能彻底改变企业间的供应链协同方式。

可以看出，元宇宙比现有制造业在各方面做得都更加完美。元宇宙通过对技术的整合与协同，使得工业生产效率比以往任何一个时代都要高很多。

技术赋能，促进传统产业数字化转型

元宇宙在其背后一系列技术持续赋能的作用下，对于传统行业的发展也会产生重要的影响，促进传统产业实现数字化转型。

1. 解决传统行业信息不对称问题

对于传统行业，很多时候会因为人们认知不足而导致市场信息不对称问题。在这样的情况下，就会影响资源配置的效率，造成市场交易双方的利益失衡，进而导致交易缺乏公平性和公正性。

元宇宙的基础设施（即高速通信网络、云计算、人工智能、大数据、区块链等）可以有效解决传统市场中信息不对称的问题。数字资产具有的属性，如数字资产是登记在区块链分布式账本上的资产、是虚拟资产、是可以计量的等，可以有效解决传统市场信息的不对称问题，由此也解决了传统市场中可能存在的供需失衡问题。

2. 实现传统产业可视化营销

以服装为例。传统的服装产品销售可以通过线上线下渠道来实现。

元宇宙时代，服装产品打破传统定义，数字时装成为全新时尚代名词。数字时装通过 3D 建模技术，实现了零面料、零模特，却能够实现柜台展示数字化。

知名品牌 Ralph Lauren（拉夫劳伦）已经开始向元宇宙迈进，进行数字化转型布局。2021 年 12 月，Ralph Lauren 首次在 Roblox 的虚拟世界中推出了一组数字时装系列产品。此次活动的目的是借助元宇宙大火的浪潮提升品牌知名度。Ralph Lauren 在 Roblox 的虚拟世界中为用户打造了"冬季逃生"滑冰体验。用户除了可以享受滑冰的乐趣，还可以购买复古运动服装。

3.降低传统产业管理成本

当下，传统产业的成本居高不下，主要是因为成本管理模式和制度不够完善、全员成本管理意识薄弱等。

在元宇宙时代，传统产业获得了跨越性发展机遇。元宇宙借助数字孪生技术，构建出一个高度精准的三维模型，然后在虚拟世界中设定好管理方案，再映射到现实中的机器人大脑中，由机器人完成管理工作，从而有效降低管理成本。

可以预见，未来的元宇宙将会由各个数字化虚拟模块组合而成，届时元宇宙作为一个横款基础设施、人机交互、空间计算等多个层面的产物，将会在包括零售、旅游、文娱、教育、金融等诸多领域实现数字化转型，从而大放异彩，并为经济的发展提供强劲动力。

虚实相融，重构工作和生活方式

作为互联网技术演变的下一阶段的产物，元宇宙通过虚实相融，可以实现对工作和生活方式的重构。

1. 工作方面

在元宇宙时代，办公行业的生产力、沟通力、办公工具得到了大幅改进，有效提升了人们的工作效率。

（1）有效提升办公效率

当前，人们办公得力于两个方面：一方面，人们使用以 Office 为代表的数字化办公软件，这在一定程度上提升了办公效率。另一方面，在互联网、移动互联网的推动下，电子邮件以及众多实时通信工具的出现，如 QQ、微信、钉钉、云视频等，使得人们之间的沟通变得更加便利，从而保障了办公信息的实时传递，保障了业务团队的沟通效率，也保障了业务的持续性。

在元宇宙时代，人们的工作形态将会发生巨大的变化。人们可以随时随地进入办公室，在一个虚拟的 3D 空间中开始一天的工作。在这样的情形下，企业的工作效率将得到进一步提升：沉浸式工作体验可以提升人们的创造力和工作效率；元宇宙能够为人们提供接近现实世界的面对面沟通，使得时间和空间对人际沟通的限制越来越弱化，即便遍布世界各地，也能实现无障碍沟通。

（2）办公情境全面进化

元宇宙时代基于 VR/AR、云计算、区块链、AI 等技术，使得办公情境得到全面进化。

首先，VR/AR 的使用使得人们能够获得更加沉浸式的工作体验，激发人们更高的工作激情和创造力。

其次，云计算的应用有效提升了信息传输速率，即便身处异地的人，也可以实现实时、高效的沟通与互动，促进了办公范围的进一步扩大。

再次，区块链技术的应用能够有效解决办公过程中存在的数据安全以及个人隐私问题。

最后，AI 技术的融入使得办公场景更加智能化，如实时翻译、键盘追踪等。

2. 生活方面

元宇宙对人们的生活也将产生深刻的影响，形成人类生活方式新形态。主要体现在虚拟劳动和虚拟文化两个方面。

（1）虚拟劳动成为新的生活形态

元宇宙的到来，将会促进人们的劳动从谋生向需求的转变。在元宇宙时代，劳动生产方式主要呈现出两种情况：

第一种，规模生产得以实现。在数字孪生技术的支撑下，元宇宙通过模拟生产，使得生产流程得到了优化，有效节约成本的同时，还提高了劳动效率。

第二种，虚拟劳动或许更受人们喜爱。与现实劳动相比，元宇宙时代的虚拟劳动不再需要现实世界的人做重复进行，而是由机器人所取代。而参与元宇宙劳动的人，其工作主要是开展内容创作和环境维护等。

这样，在虚拟空间从事虚拟劳动，既能高效完成，又不必重复劳动，或许是未来元宇宙中人类重要的生产方式。

（2）虚拟文化成为新的精神生活形态

元宇宙时代，物质生产和生活方式发生了变化，由此带来的休闲娱乐方式也发生了改变。

一方面，人们可以借助相应的工具在元宇宙中编辑与设定自己想要的游戏剧本、游戏场景和游戏规则，一切都按照玩家的想法和需要进行。这使得人们的精神生活变得更加丰富。

另一方面，元宇宙有效扩大了人们的线上交友范围，也通过近乎面对面的沟通方式增强了人们实时互动的频率，并产生肢体感觉和增强心里感受。越来越多的人会根据自己的诉求，编辑虚拟亲人、虚拟恋人、虚拟友人，从而满足其精神生活需求。

元宇宙的发展，逐渐模糊了虚拟世界与现实世界的界限，也架起了一座虚拟世界与现实世界相融合的桥梁。当元宇宙达到"奇点"时，人类工作和生活将会翻开新的一页。

推动智慧城市建设——"孪生城市"呈现智慧特征

在技术层面上，可以说元宇宙包罗万象，是一个众多前沿技术的集合体。在 AI、区块链、云计算、高速网络通信等技术的作用下，元宇宙可以推动智慧城市的建设。

在元宇宙中，借助数字孪生技术构建的"孪生城市"被认为是智慧城市的呈现形态。在孪生城市里，借助 3D 技术建模，可以形成与现实世界 1∶1 的人口、楼宇、地下空间、道路交通、城市基础设施等；通过物联网感知，可实时获取构成现实世界元素的状态，并映射到虚拟城市模型当中；通过时空大数据，也可将人口、经济、事件等各要素叠加到虚拟城市模型当中，形成一个与现实世界相互映射的虚拟世界。

而且，孪生城市可以实现以下几方面的作用。

1. 实现全域监测

当前，要想了解城市的基础信息和状态，我们只能通过数据收集、分析来实现，但在数据收集的过程中，往往会因为延时而导致收集到的数据不精准。这就使得我们获得的城市信息和状态难以达到理想的精准程度，进而导致我们对城市安全无法做到正确、及时的感知和响应。

元宇宙构建的孪生城市，具有实时、沉浸、低延时的特点。基于此，我们可以在构建的 1∶1 孪生城市中，通过孪生城市的各种动态信息，感知现实世界中城市的状态和信息，从而对现实世界城市做好安全监测和管理。

2. 轻松构建城市治理决策

在现实世界中，城市的各个地方每天可能都会存在这样那样的问题，有时候可能一些小问题中会隐藏大隐患。由于当前城市规模较大，就当前的技术，我们难以顾及城市的每一个角落。所以城市的治理工作还存在很多问题。

在元宇宙中，孪生城市作为现实世界城市映射的产物，所有的人、物、事都在元宇宙中存在。我们完全可以通过观察元宇宙中的人、物、事的动态发展、变化情况，提前发现其中可能存在的问题和隐患，并针对这些问题和隐患模拟处置，为现实世界预先提供处置方案，以此应对现实世界城市中可能出现的相关治理问题。

3. 做好城市应急事件演练

现实世界中，各种自然灾害会对人民的生命财产安全造成损害。虽然我们在现实世界中也经常会进行相关演练，但这些演练通常缺少随机性、真实性和全面性。因此，我们完全可以在孪生城市中开展城市应急突发事件演练，可以邀请各界人士积极主动参与进来，整个过程也具有与现实中同样的真实度和多变性，但正是如此，才能更好地提升我们面对城市应急事件时的灵活应对能力。

4. 模拟城市规划建设

当前，由于城市管理部门不同，所以在进行城市建设规划、水电规划、交通规划时，往往存在难以全面统筹的问题，而且协调性较差。

元宇宙时代，这些问题都将迎刃而解。元宇宙中，我们可以及早发现城市中存在的类似问题，并能通过模拟的方式对存在的问题进行及时处理，给出更加有效的城市规划建议。

以上元宇宙在构建智慧城市方面的应用仅仅是冰山一角，未来，随着元宇宙时代的到来，新技术的出现还会为智慧城市建设带来更多惊喜，我们拭目以待。

第二篇

> 实操篇：元宇宙落地应用创新机遇

第五章

数字新基建：接轨元宇宙，擦出不一样的火花

元宇宙的落地，需要众多关键技术的支撑，包括通信网络、人工智能、区块链、云计算、数字孪生等，这些与数字相关的基础技术，可以被视作元宇宙的核心数字新基建。当数字新基建接轨元宇宙时，又会擦出什么不一样的火花呢？

元宇宙使数字新基建迎来新"蓝海"

驱动元宇宙落地的关键技术包括5G、大数据、云计算、人工智能等新一代数字基础设施,随着元宇宙的到来,这些技术也迎来一片新"蓝海"。

"数字新基建"可以看作是面向数据感知、存储、传输、计算能力的新一代智能化基础设施,其构成主要包含了与数据相关的基础软硬件。

具体而言,数字新基建分为四个层次。

第一层,网络层。这一层主要是为数据流通提供基础网络设施,包括5G等新一代移动通信、交换中心等。

第二层,算力层。这一层是支撑存储和处理分析数据资源所需的设施系统,包括数据中心、节点计算中心等。

第三层,算法层。这一层是控制和管理物理设备的程序系统,主要包括数据分析算法、人工智能等。

第四层,应用层。这一层包含两类基础应用:一类是支撑数字技术应用和产业数字化转型的软硬件基础设施的应用,包括工业互联网、物联网等;另一类是对铁路、电网等传统基础设施进行的数字化改造,如数字轨道交通、新能源汽车充电桩等。

数字新基建所涵盖的内容会越来越丰富,最终实现商业化的应当是应用层的落地。当数字新基建遇上元宇宙,必定使数字新基建领域迎来一片新"蓝海"。

通信设备全面升级

通信是支持元宇宙发展和应用创新的核心基础设施。随着众多科技巨头宣布加码元宇宙建设，元宇宙对通信网络传输提出了更高要求：更多流量、更大带宽、更低时延。通信硬件升级则成为支撑元宇宙发展的必要前提。相关通信设备企业也希望借助自己的技术积累以及本行业在元宇宙发展过程中开启的新一轮业务增长，在通信网络设备等硬件方面有更好的发展。

未来元宇宙时代，通信设备的升级将体现在以下几方面：

①通信设备不再是单品规模化增长，而是转向以系统和软件为主的生态化发展模式。

②通信设备为了更好地迎合元宇宙时代的发展，其沉浸感设计将成为重中之重，也是下一阶段的重要升级方向。

③高性能通信设备终端为元宇宙交互提供实现基础。未来元宇宙时代，当前以智能手机、PC端等为代表的终端设备的性能会变得越来越强劲。

④由于元宇宙时代，游戏休闲与运动健康场景越来越多，这将为通信设备在场景化下的创新迎来更多发展机会和空间。

⑤全新的6G网络时代，无论从网络速度、网络时延，还是功耗效率方面都得到了极大的提升，这就为通信设备的无缝连接和无感切换创造了机会。通信设备连接一体化也将是通信领域在元宇宙时代发展的一种趋势。

⑥元宇宙的本质就是现实世界与虚拟世界的数字化融合。为了更好地迎合元宇宙的发展，通信设备也必须全面实现数字化转型，向着多元化方面发展。因此，更多类型的通信设备将在商用市场中获得更多的发展机会，具备了逐鹿市场的实力。

营造沉浸式通信体验

在人们进行互联网交互时，要想解决网络卡顿问题，就要求端到端的带宽达到几十兆到几百兆，端到端的时延控制在几十毫秒到几百毫秒之间。如果交互时延低于10毫秒，人通常是无法感知的；如果交互时延大于300毫秒，人的感官会由于网络卡顿问题而无法获得良好的体验。

随着通信网络技术的不断升级与迭代，当前的5G恰好可以满足PC端电脑和手机在二维显示和交互方面的互联网应用。但元宇宙是一个三维虚实相结合的空间，这样世界要求"低延时、沉浸感"，因此对网络传输提出了更高的要求，包括更大带宽、更低时延、更广覆盖等。

5G网络作为元宇宙的基础底座，具有超宽带、低延时、广覆盖的特点，能够提供1Gbps的平均体验速率、10Gbps的峰值速率、每平方千米超过100万的连接数、1ms的超低空口时延，恰好满足了元宇宙落地与发展的需求。

所以，2G、3G、4G时代的通信技术是难以实现元宇宙落地的。只有5G才能满足元宇宙落地的高网速、低延时、海量连接的需求。随着元宇宙时代的来临和发展，元宇宙势必需要更好的基础设施保驾护航，对通信网络的要求会越来越高，这也就推动了通信行业由5G到6G的加速迭代。

虽然目前，全球对于6G技术的研究只是处于初步探索阶段，对于技术路线、关键指标、应用场景等尚无定论，但可以肯定的是，人们更加期待更为广阔、更加快速的全球覆盖网络，期待这样的网络能为自己服务，以达到更好的连接和更高的智能化，并且能满足未来更多应用需求。显然，未来出现的6G网络会成为这样的移动通信技术。

元宇宙作为物理世界与虚拟数字世界的融合，实现与现实世界平行的以人为中心的沉浸式体验。从技术上讲，需要多重技术的支撑和保障。其中，"高精度定位""同步成像""定位制图""感知增强需要的高分辨率和实谱识别""云 VR 对传输时延和吞吐率要求""触觉与多感官通信""裸眼 3D 全息显示"等，这些都需要借助 6G 通信来实现。

因为 6G 通信所实现的是传感器的互联互通，是对数字世界与物理世界的融合。从 3G 移动通信实现移动互联网之后，4G、5G 的网络能力得到了显著提升，而 6G 的最显著的特点就是感知。

6G 网络的感知能力来源于两种途径：

第一种，增强通信。增强通信是万物互联技术的一个重要分支，适用于物与人、物与物之间的通信。

第二种，提升机器学习和 AI 能力。

这两条途径所获得的感知数据中包含了物理世界与生物世界的实时信息，6G 也就因此获得了感知能力，成为元宇宙的传感器。

届时，6G 比 5G 具有更高的网络覆盖能力、更低的时延能力、更快的网络速度，还具备很强的感知能力。与此同时，6G 网络应用于元宇宙之后，借助 VR、AR、MR 等技术可以实现以人为中心的沉浸式通信体验，这将会超乎人们的想象：显示分辨率可以达到人眼识别的极限，人与人从端到端的通信体验更逼近人类感官极限。

一个能够带来沉浸式通信体验的 6G 时代终将来临，我们拭目以待。

通信应用开启车联网全新时代

当前,全球大国正在持续发展车联网,以求在该领域争夺产业高地。尤其在元宇宙即将来临之际,各国又开始探索车联网以通信技术落地为核心的应用。

什么是"车联网"呢?"车联网"就是指在约定的通信协议和数据交互技术标准作用下,实现人与车、车与车、车与路、车与万物之间的无线通信和信息交换的大网络系统。

人车交互基于人机交互界面的数字化;车车交互基于传感技术与车车通信技术的发展,车与车的交互可以实现智能网联中的自动驾驶;车与万物交互是车联网发展的最高阶段,是构成未来世界智能交通的重要组成部分,更是连接下一个互联网时代——元宇宙的入口。

在现实世界中,智能交通体系使得道路人流车流井然有序,城市交通畅行无阻,有效提升了人们的出行效率。元宇宙世界的交通,就像现实世界一样,是构成虚实结合世界的一个重要组成元素。

在元宇宙这个全新世界里,基于通信技术的应用开启了一个全新的车联网时代。

1. 实现车载互联互通全面协作

车辆在路面上行驶,以高可靠和低时延的通信网络为支撑,"蜂窝同行+短距直通通信"有机结合,使得交通参与者,包括车辆、驾驶员、乘客、交通管理者、路况等在元宇宙中形成数字化映射;还可以通过构建联合网络的方式,保障车联网业务的连续性;借助人工智能,对通信网络引入的计算能力进行实时分析。这些操作可以实现人与车、车与车、车与路,乃至车与其他设备的互联互通全面协作。

2. 智慧赋能交通,有效规避和解决出行风险问题

在元宇宙里,一方面,人、车、路之间的位置关系有了十分精准的动态预测,一切交通风险都会被很好地规避和阻止。另一方面,现实世界的交通场景也可以在虚拟世界中达到逼真的再现效果,从而实现交通全要素数字化、状态实时化,使得人们可以对车辆行驶路径进行回溯和推演,有效解决相关的车辆问题。而这一切的实现,得益于通信技术与数字技术的迭代与升级。

3. 带来更具安全性、可靠性的交互体验

在元宇宙中,通信网络的应用能够将人与车、车与车、车与路、车与万物互连,使得车辆拥有更加丰富的信息。但人与车、车与车、车与路、车与万物没有交集的车辆信息之间不会相互干扰。只有有相关需求时,才会彼此连接,将车辆、行人以及外界路况信息等传感给彼此,从而消除安全盲区,预知车辆危险,并快速做出应急举措。

这种交互体验,通过使用 VR 头显设备来感知,当路况不良时,通信网络会将路况信息以超快的速度传达给驾驶员,精准提示道路情况、天气情况等,驾驶员在驾驶过程中可以轻松获得上百种周边安全信息,从而实现不堵车、不封路、不减速通行;对于驾驶员来说,则可以获得更具安全性、可靠性的人、车、路交互体验。

元宇宙大热背后,对于每一个行业来说,都蕴藏着新的契机。伴随着元宇宙时代的到来,再加上通信网络技术的持续发展、通信安全等关键技术的不断攻克和完善,车联网领域必将出现越来越丰富的应用场景,从而开启一个全新车联网时代。

【案例】中国移动：立足咪咕，描绘元宇宙演进路线图

中国移动作为三大通信运营商之一，在元宇宙逐渐走向产业化之际，也开始快马加鞭布局元宇宙赛道。

中国移动立足咪咕板块，以算力网络为依托，在迈向元宇宙的过程中做了一些大胆的探索和尝试，并由此描绘出了元宇宙的 MIGU 演进路线图。

算力网络，即根据业务需求，在云、网、边之间进行按需分配和灵活调度计算资源等的一种新型信息基础设施，是 6G 得以实现的关键技术。算力网络就好比是为实现农业文明时代保驾护航的风力与水力、为实现工业文明时代保驾护航的蒸汽与电机，这些资源都可以看作"算力"，而且在不同的时代无处不在。算力网络是构建咪咕元宇宙的内生动力。

基于算力网络，以 5G+AR 技术为基础，咪咕的元宇宙演进路线图主要包含以下几个方面。

1. 5G+MSC

咪咕在 2022 年北京冬奥会即将来临之际，发布了首个体育数字达人——谷爱凌"数字孪生姐妹"，并取名为"Meet GU"从而拉开了"数字达人计划"的序幕。随后，中国移动还与 UFC 联合打造了首个超写实格斗数字达人，与 NBA 联合打造了首个超写实篮球数字达人。这是咪咕首次在体育元宇宙领域的探索性布局。

2. 5G+ 云游戏

早些年前，云游戏就已经被提出，但由于网络技术的原因，云游戏并

没有快速发展起来。随着 5G 网络的出现以及在商业应用中的不断普及，云游戏获得了快速发展的动能。尤其在众多巨头探索元宇宙应用并纷纷加速进场的趋势下，咪咕进行了 5G+ 云游戏的布局，打造了"咪咕快游"平台。该游戏平台将游戏运行与渲染放在云端进行，玩家在中国移动 5G 网络环境下，可以免费下载安装，打破空间束缚，可以获得随时随地的沉浸式畅玩体验。这是咪咕在布局电竞元宇宙中的全新尝试。

3. 5G+ 视频彩铃

5G+ 超高清视频彩铃正成为影视业的流量新入口。为了更好地接轨元宇宙，中国移动以咪咕视频、魔百和、视频彩铃为支撑，在 5G+ 超高清视频彩铃领域进行了更多的创新性应用。在 2021 年中国金鸡百花电影节上，中国移动咪咕与金鸡百花电影节牵手，打造了虚拟与现实相融合的"金鸡平行时空"。中国移动的 5G+ 超高清视频彩铃则为电影行业迈向元宇宙提供了发展新思路与新路径，为构建全场景影视体验带来了机会。

随着元宇宙时代的来临，5G 通信技术的飞速发展恰逢其时。在未来，中国移动在元宇宙领域的探索和布局将会越来越丰富，围绕元宇宙开展的业务创新将使得中国移动获得长期竞争优势。

【案例】华为：研发全息电话，实现近乎面对面的交互

虽然当前元宇宙尚处于发展的初级阶段，但很多科技巨头已经开始在元宇宙领域群雄逐鹿。

华为作为 5G 标准制定者、设备和方案的提供者，更是看准了通信网络给元宇宙带来的机遇和前景，在全球通信网络迈向元宇宙商用的路上，华为公司也已经位居前列。

基于"网络＋芯片＋终端"的能力，华为在元宇宙领域的布局主要体现在"端到端"的通信设备——5G 全息电话的研发上。全息电话的主要原理就是借助 5G+ 全息影像来实现。

全息影像，即是利用光的干涉和衍射原理，记录并再现物体真实三维图像的技术。简单来讲，全息影像就是让对方看到一个立体感十足的虚拟人物，其动作和表情宛若真人一般，与 VR 相比，全息影像的人物建模更加逼真。

华为 Wireless X Labs（无线应用场景实验室）对全息影像进行的研究表明：不同的全息影像级别对网络的需求是有很大区别的，对于入门级体验，280×720 的分辨率需要 86Mb/s 的速率，而要想达到 3840×2160 的分辨率的极致体验，需要的速率要达到 1.61Gb/s。显然，全息影像体验越逼真，对网络提出的要求就更高。

5G 网络的速率最高能够达到 100Gb/s，完全可以满足不同体验感受的全息影像的网络需求。在 5G 商用之际，全息影像远程会议模式逐渐成为流行和标配。这种传输模式中，沟通的双方能够看到对方的全貌，就好像真人坐在面前一样，而不是一个固定位置的摄像头拍出来的画面。参与会议的所有人都好像身处同一间会议室，在面对面交流。

华为5G全息电话的研发与应用，在视觉上是三维的呈现，同时还包含声音。人们借助华为5G全息电话进行问候、聊天时，就像是和"本尊"面对面聊天一般，一颦一笑、行为举止，都十分逼真。与微信等视频电话相比，5G全息电话不但打破了空间上的限制，还在视觉效果上有了很大的提升。

有了全息影像，远在他乡长期出差的爸爸，可以与女儿做游戏，再也不用担心与女儿长时间分开而生疏；分隔两地的恋人，也可以享受彼此全身心的陪伴，而不再受限于一个小小的手机屏幕。

华为研发5G全息电话的愿景是：把数字世界带入每个人、每个家庭、每个组织，构建出一个万物互联的智能世界。华为打造的5G全息电话，是在技术方面的革命性进步，更是连接了虚拟世界和真实世界，在通信设备生态上加大投入所取得的巨大成果。

第六章

金融业：元宇宙影响金融变革

各行各业都看好元宇宙的未来。在资本涌入元宇宙领域的同时，元宇宙对金融业的影响和变革在即。很多金融玩家开始重新考虑金融业的未来，保险和银行成为元宇宙的首战场。

元宇宙金融业，创造新机遇

当金融业遇上元宇宙，金融业务进一步突破传统金融时间和空间的束缚，与此同时，客户在办理金融业务时，还能获得具有科技感、沉浸感的服务体验，这就为金融领域在金融拓客、触点营销业务各模块创新迎来新机遇和新竞争力，为金融业开辟了一条全新赛道。

金融业在拥抱元宇宙之后，构建了一个"第二金融空间"，将金融业务办理场景从原来的"物理金融空间"转变为"映射金融空间"。在这里，人们外出消费、办理金融业务等，能够不再考虑天气、场地、交通等因素的影响，足不出户就可以实现瞬间位移，同时能够更加高效地完成消费交易、金融业务办理等。

金融业融入元宇宙之后，可能对金融业的发展模式和形态进行重塑。这时，"人"依然是最重要的主体。而且，数字空间与物理空间的深度融合，使得人们获得全新的金融服务体验，为金融业带来全新的产业机遇。

当前，元宇宙在金融领域的应用相对不成熟，保险与银行是金融业率先在元宇宙领域落地应用的两个重要部分。元宇宙激发了金融业在这两个方面更多的创新思考和启发。

"保险+元宇宙"的创新应用

随着元宇宙的发展，当保险领域遇上元宇宙后，创新保险应用场景将会为保险行业的发展带来数字化转型。

1. "保险+元宇宙"两个核心要素

（1）沉浸感

沉浸感是元宇宙的一个重要特点，VR 技术是元宇宙落地的一项重要支撑技术。借助 VR 技术，客户可以轻松进入保险元宇宙当中，身临其境地享受专属一对一线上沉浸式服务。

（2）科技感

元宇宙本身集众多高新、前沿科技于一体。"保险+元宇宙"的应用正在悄然改变着保险这一传统行业。比如，VR 技术应用到保险零售领域，使得客户可以更好地感受到全新时代下保险领域所蕴含的科技感。

2. "保险+元宇宙"的四大趋势

保险领域进入元宇宙时代，将会改变资源配置的规则和效率，给保险领域带来全新的发展形势。同时，"保险+元宇宙"的发展还会呈现以下四大趋势。

（1）客户触点迎来新机遇

在当下的互联网时代，传统保险在发展的过程中，在拓客思维和手段方面遇到了瓶颈。元宇宙的出现，则为保险行业赢得了全新的流量入口，而且在文化圈层的作用下，可以为保险领域斩获更加精准的流量用户，在客户触点方面迎来了新机遇。

（2）风险标的与形态迎来更多的可能性

元宇宙世界对通信、算法和场景数据的依赖，会改变风险事件的性质与形态。从这一点来看，元宇宙可以为保险产品的创新带来更多的可能性。

（3）业务效率和体验获得有效提升

保险遇上元宇宙之后，线上与线下的保险业务基于虚实结合的精细化综合服务，会给客户带来更加全面、高效的风险解决方案以及服务体验。另外，保险企业内部运用突破以往单个节点的模式，使得事前、事中、事后的业务精细程度和协作效率会有明显提升。

（4）放大生态创新效应

元宇宙的出现打通了健康、养老、生活消费、金融这四大领域，并实现了横向拓展。此外，在区块链、5G、大数据、AI等技术不断深化的作用下，可穿戴设备以及健康管理数据等进一步的应用，可以形成新型保险组合产品，从而有效放大保险产品的生态创新效应。

3. "保险+元宇宙"的创新应用

任何一个新时代，判断其是否具有先进性，是否能够给各产业带来积极正向的影响，一个重要方法就是通过实际应用来检验。在元宇宙世界中的保险领域，创新应用场景的重要性不容忽视。

（1）虚拟场景的应急避险

目前，元宇宙技术的场景应用已经进入快车道。在各产业争相布局元宇宙之际，保险领域在元宇宙中的创新性应用场景主要体现在借助虚拟场景实现应急避险。

数字孪生是元宇宙落地的关键技术之一，数字孪生技术可以将现实世界的场景在数字世界中完全复刻呈现。"保险+元宇宙"模拟出险事故场景就是通过数字孪生技术实现场景重现的。在这一领域，数字孪生技术有三方面的作用：

①对保险客户进行警示教育，引导客户提升自己的抗风险能力，减少灾害损失。

②让客户置身于仿真场景当中，通过沉浸式体验感知风险，在人身险、财产险、养老险等各个主体保险营销方面带来革命性的营销新思路。

③仿真模拟出险事故过程及场景，为精准调节承保费率提供全新的技术手段为支持。

（2）提供专业安全保障

在元宇宙中，一切都被数字化，如虚拟数字身份、虚拟数字资产等，这就为保险行业入局元宇宙提供了一个很好的机遇。而"保险+元宇宙"则为虚拟数字身份、虚拟数字资产的安全保驾护航。

（3）虚拟员工改善客户关系

虚拟人物也是元宇宙时代的一个重要特色，虚拟员工在保险领域的应用，能够更好地提高培训效率，提升服务效果，达到改善客户关系的目的。

保险是金融服务中的一个重要领域，服务质量的好坏，直接关系到客户对保险企业的好感和业务能力的认知。在核保、承保、出单、保全、接报案、立案、理赔、结案、回访、咨询、投诉受理等全服务流程保持稳定的客服水平是保险行业的刚性需要。

虽然当前一些保险公司已经推出了智能客服，但在客户体验方面仍需进一步升级。元宇宙落地的关键技术则为保险公司的客服能力提供了更多的技术支持。

元宇宙世界中，虚拟员工能在话术职能、语言温度上更加接近真实的优秀员工，这类虚拟数字人员工则可以实现低成本复制，既有利于有效提升整个保险公司的服务素养，又有利于改善保险公司与客户之间的关系。

可以说，"保险+元宇宙"从多维度为保险领域的发展带来了新的思考和创新空间，有效提升了保险领域的营销成功率。

【案例】瑞保集团：为元宇宙世界提供专业安全保障

瑞保集团是一家专业的国际化保险集团。在发展过程中，瑞保集团总是能走在最前端。目前，瑞保集团已经在全球多个国家设立了分支机构。

为了扩大自身在全球范围内的影响力，瑞保集团在资产管理、信托、基金、数字私人银行以及保险业务方面做了很大的努力。当前，瑞保集团借助区块链技术，融合NFT，在全球范围内推出了公开、透明、安全、可信的数字保险产品。

2021年11月，瑞保集团与元宇宙世界强强联合，在元宇宙领域实现了合作共赢。元宇宙世界，作为金融元宇宙领域的企业，发行了全球第一支NFT数字股票。瑞保集团为元宇宙世界提供了20亿美元的信用保险，包含了常规融资、新型融资、供应链金融、综合票据融资、债务融资工具承销等多个方面，为元宇宙世界加速产业布局提供专业安全保障。

这次瑞保集团与元宇宙世界的合作拉开了保险金融赋能元宇宙产业发展的序幕。一方面，瑞保集团积极拥抱元宇宙，顺应了时代数字化发展的趋势；另一方面，有利于瑞保集团自身业务规模的扩大以及品牌影响力的提升，进而有效增强了市场竞争力。

【案例】泰康在线：首发保险数字藏品与元宇宙概念短片

泰康在线财产保险股份有限公司（以下简称"泰康在线"）成立于2015年，是国内首家大型保险企业发起成立的专业互联网财产保险公司。

泰康在线主要以"保险+科技""保险+服务"为主要商业模式，其产品涵盖了互联网财产险、车险、健康险、意外险、责任险等。为了在保险领域获得更好的发展前景，泰康在线积极拥抱元宇宙，从保险数字藏品入手积极寻求元宇宙布局突破口。

2022年1月，泰康在线正式发布，打造了以旗下自有虚拟代言人TKer为原型的NFT数字藏品——福虎开泰。这是泰康在线发布的首例NFT数字藏品，同时也标志着泰康在线正式接轨元宇宙。泰康在线的这一举措将无形的保险产品变为了有形的体验，颠覆了人们对保险购买的认知，让用户切身感受到了保险的价值。

除此以外，泰康在线还在同期发布了一条元宇宙概念短片。在短片中，TKer化身美好守护者，能够保障车辆行驶安全、为家庭成员提供健康管理、与智能设备连接守护人身意外风险等成为泰康在线在元宇宙领域探索的纽带，带领大众打开跨越虚拟与现实相结合的元宇宙的大门。人们可以借助VR设备进入泰康在线，并获得基于自己的数字化身打造的虚拟保险体验空间，使得大众通过与TKer的"跨次元"相见与互动，对元宇宙有更好的认知。

泰康在线在元宇宙领域布局，为用户体验与数字化营销方面打造无限创意空间。

"银行+元宇宙"的创新应用

当前,由于互联网、移动互联网进入了全面商务应用阶段,很多银行业务都在线上进行,线下实体银行网点柜面业务量急剧减少。远程银行、虚拟网点成为银行领域的一种趋势。

银行领域接入元宇宙之后,则在应用场景方面得到了有效创新。

1. 厅堂服务远程化,虚拟网点模式

银行+元宇宙,业务场景方面的创新使得服务远程化、网点形式虚拟化得以成功实现。

虚拟网点模式下,客户在银行柜面借助一个VR设备就可以以远程的形式完成柜面业务的处理,实现沉浸式业务办理。对于银行工作人员而言,则可以360度全面核实客户身份,甚至可以为客户提供24小时全天候服务,打破时间和空间的束缚,满足客户多种场景的需求。

这种沉浸式远程网点服务打破了当前线下银行业务瓶颈,是对互联网银行业务模式的升级与迭代,不但满足了当下年轻客户群体的业务办理需求,还为银行有效节约了成本,成为引入客户流量的新入口,并为银行带来业务的高转化。

2. 场景融合,打造开放式场景银行

开放式银行的特点就是将银行搬离物理银行,业务办理在虚拟与现实相融合的世界中进行,可以实现随时随地的业务办理。

元宇宙世界的开放式银行业务,有被动触发和主动触发两种模式。

（1）被动触发

被动触发，即银行在某种特定场景中，被动为用户提供金融服务。被动触发业务模式下，比如景点配备自动售卖机，用户在旅游景点进行消费，开放式银行就可以介入，游客佩戴 VR 眼镜，通过无屏手势操作选择自己想要的饮料并下单支付，随后机器人或微型无人机快速将货物送达。

或许有人会说，这种模式与游客在景点自动售卖机直接支付拿走商品相比，岂不是在时效性上有所欠缺？但这种模式对于自动售卖机商家来讲，减少了将商品放在自动售卖机当中的环节，能够有效减少断货或补货不及时所带来的经济损失。事实上，这种模式对于广大游客来讲——进入景点旅游，本来就是为了消遣和休闲，由更具科技感的机器人或微型无人机快速送达，更能提升他们的购买热情和兴趣，因此，这种消费场景无论对于自动售卖机商家还是对于银行来讲，都是一个很好的市场争夺触点。

（2）主动触发

主动触发，就是银行主动为客户提供金融服务。当客户进入某个设定的场景当中时，银行后台会通过 VR 设备主动向客户自动推送金融产品和服务，比如，当客户进入机场、旅游景点时，银行可以随时向客户推荐定制的保险产品。

【案例】汇丰银行：入驻元宇宙平台 The Sandbox，提升消费体验

2022年3月，汇丰银行与元宇宙平台 The Sandbox 合作，成为首家入驻 The Sandbox 的银行巨头。

The Sandbox 是一个基于区块链技术而开发的虚拟游戏生态系统，玩家可以在这个虚拟平台上创建资产并获得利益。

汇丰银行与 The Sandbox 合作，在 The Sandbox 这个虚拟世界中购买了一个空间，打造了一个吸引粉丝参与的沉浸式虚拟环境，以吸引专注于体育运动、娱乐、电子竞技、游戏和金融领域的专业人士进入虚拟环境中进行体验。汇丰银行这样做的目的就是最大限度地提升合作伙伴对各方的价值。

汇丰银行与 The Sandbox 合作，也在一定程度上实现了在元宇宙领域的创新性应用，为消费者带来基于去中性化和游戏化的产品，使消费者在元宇宙世界获得更多优质的体验，同时也为汇丰银行自身打开了一个充满机遇的新世界。

【案例】百信银行：入驻"希壤"，打造数字藏品

百信银行自成立以来，一直在互联网银行赛道上不断探索和创新。不但在构建数字银行方面取得了突破，还在人工智能、云计算、区块链技术等方面取得了丰硕的成果。

近年来，随着元宇宙概念的火热，再加上各领域都纷纷与元宇宙接轨，尤其金融领域各巨头纷纷向元宇宙靠拢，百信银行也力求入局元宇宙，为自身发展带来一场巨大的变革。

百信银行结合自身优势，积极布局金融元宇宙，其主要体现在以下几点。

1. 入驻百度元宇宙"希壤"

2021 年 11 月，百信银行拥抱元宇宙最典型的举措就是成功入驻百度搭建的元宇宙空间——"希壤"App。

2. 打造数字藏品

同一时间，百信银行还在成立四周年之际，在"希壤"App 的数字艺术品展区推出首个数字藏品——"4 in love"。该藏品基于区块链技术打造而成，具有唯一性和不可篡改性，其拥有者为百信银行。

3. 打造虚拟员工

2021 年 12 月，百信银行还发布了业内首个数字资产管理平台——"百信银行小鲸喜"微信小程序，并推出了首位虚拟数字品牌官 AIYA。AIYA 的职责主要是拍广告、做直播、出席品牌活动等。AIYA 可以基于大数据

为广大客户提供千人千面的实时推荐和交互服务，与人工客服相比有很好的可塑性，也能为客户提供更加高效、高品质的服务，成为百信银行最主要的客服接口以及与客户交流的流量出口。

这三大尝试，是百信银行在元宇宙数字资产领域的一次创造性尝试。未来，百信银行还会在元宇宙领域有更多的布局。

第七章

零售业：元宇宙打造全新流量入口 + 营销闭环

元宇宙在其背后一系列技术持续赋能的作用下，对传统行业的发展也会产生重要的影响，催生新业态，促进传统产业变革。零售业作为一个典型的传统产业，在元宇宙时代的探索必将迎来新的窗口期，为零售业打造全新流量入口与营销闭环。

场景化购物增强消费体验

元宇宙浪潮下，与大众生活息息相关的零售产业迎来了巨大商业空间。而场景化购物，则成为元宇宙时代零售业发展的一个突出特点。

元宇宙作为虚拟与现实的载体，本身就蕴含了社交、内容等场景创新。作为元宇宙的重要组成部分，场景化购物已经成为商家、品牌争夺消费者的利器。

商家、品牌商做生意，"流量""销量"是永恒的主旋律。消费者是否购买，一方面取决他们的购物诉求；另一方面，取决消费体验是否能勾起他们的体验欲望，引发消费行为。

元宇宙时代打破了现实与虚拟的界限，以一种可以大规模连接的虚拟现实应用场景，给消费者带来逼近现实的沉浸式消费体验。

比如，元宇宙一号城就是打破虚拟与现实的界限，以"沉浸+"模拟多元化、具有惊喜感的体验内容，打造多功能、高颜值体验场景，有效激发消费者的购物兴趣和消费积极性，实现引流和导流的同时，也实现了营销推广闭环，促进了销售转化。

显然，作为虚拟世界与现实世界的连接，元宇宙为零售业构建了全新的销售场景，有效提升了引流和变现能力。

借虚拟技术实现经营路径多元化

虽然元宇宙是一个虚实融合的世界,但商家和品牌从中获得的成长机会确实是实实在在的。

在传统零售业中,商家和品牌经营产品,无非两个渠道,分别是线上和线下。线下渠道通常是导购推广引流,吸引消费者购买;线上渠道通常是通过电商渠道、短视频带货、直播带货的方式来实现引流和变现。

元宇宙时代,VR、AR技术广泛使用,并普遍应用于商业,给零售品牌带来了更加多元化的经营路径。

1. 销售虚拟产品

现实世界与虚拟世界交融,流量在互联网时代也随着技术的进一步全球化打破了现实与虚拟的边界。这就为零售商提供了销售虚拟产品的商机。目前,不少品牌已经开始乘着元宇宙之风做起了虚拟产品的生意,使得品牌经营在原有路径基础上进一步扩大,尤其是美妆领域已经成为先行者,走在了最前列。

2021年"双十一"期间,国内美妆品牌自然堂与天猫合作,共同打造了"超强元宇宙"玩法,推出了自然堂唐卡冰肌水+NFT版冰肌水藏品,率先在元宇宙领域尝到了甜头。此次推出的虚拟产品限量发行100份。而该产品也成为自然堂与天猫共创的首个线上虚拟数字产品。

据2021时尚数字化发展行业报告显示,目前全球大约有35亿人是数字时尚客户,其购买力占总购买力的55%。当下的消费主力军是"90"后与"95"后，他们作为消费人群中的年轻一代，是在一个流动的数字世界中成长起来的，所以他们对现实生活和虚拟世界的融合的接受度较高。从这个层面上看，品牌拥抱元宇宙销售的虚拟产品，也能够有效收割流量和销量。

2. 3D 虚拟试穿

传统零售，消费者在线下门店购买服装时，可以在实体店铺试穿，他们可以直观地看到衣服款式、色彩是否与自己的身材、气质匹配。相较而言，线下购买往往过于耗时，而且不够便利。与线下相比，线上则可以足不出户就能购买自己所需的产品，但线上购买有一个缺陷，就是只能根据平面的模特试穿效果、直播间主播试穿效果来选择。每个人的气质不同，别人适合的衣服未必适合自己。

在元宇宙时代，品牌可以利用 3D 虚拟试衣系统构建社交，实现 3D 虚拟试穿以及衣服采购。

知名服装品牌 Gap 在 2021 年 8 月并购了 3D 虚拟试穿方案商 Drapr。Drapr 致力于电商产品可视化领域。Gap 与 Drapr 合作后，可以通过 3D 虚拟形象帮助消费者匹配适合的服装，并根据自己的风格与体型去寻找合适的服装尺寸和版型，进而改善消费者的购物体验，提升消费者的购物效率，提升消费者的购物满意度，有效降低退货率。

总体而言，零售产业在元宇宙风潮下，借助虚拟技术实现了营销路径的多元化，为客户提供了新体验的同时，也增强了零售品牌的利润率。

用虚拟形象的魅力高效"吸粉"

前文中我们提到了某知名美妆博主"柳夜熙",其形象与当下流行的国潮风十分契合。无论其妆容元素、充满科幻感的特效以及后期色调,都很好地迎合了当前时代的审美偏好。

事实上,在零售领域,已经有很多品牌嗅到了虚拟形象背后隐藏的机会,纷纷为自己的品牌打造更具魅力的虚拟形象。

虚拟形象于零售品牌而言,其功能性应用主要有以下两个方面。

1. 虚拟形象代言

传统零售商往往会找大众喜欢的偶像为品牌代言。与传统偶像相比,借助虚拟形象为品牌代言更具核心竞争力,是更具纯粹市场导向性的人设搭建。换句话说,虚拟形象是根据市场喜好和品牌调性而构建的更加贴合各种商业场景的形象代言人。

虚拟形象更具人格魅力,更具"吸粉"能力。从这一点来看,虚拟形象做代言会是零售行业的未来趋势。进入元宇宙时代,虚拟形象人代言将为零售商带来更多的商业契机。

麦当劳正在试水虚拟形象做代言,以期未来更好地进入元宇宙时代。

麦当劳小程序上有一个开心姐姐的虚拟形象,人设方案有两种:一是唱跳型形象,可以亲自示范小朋友跳舞,并为小朋友跳舞打分;二是故事达人形象,可以为小朋友阅读麦当劳小程序中预设的故事。

麦当劳打造的开心姐姐虚拟形象,非常符合年轻消费者的喜好,其目的就是为了获得年轻消费者以及小朋友的喜爱,并通过开心姐姐与年轻消费者、小朋友的互动和沟通，潜移默化地使品牌深入人心，达到理想的营销效果。

2. 虚拟形象带货

虚拟形象在零售领域的另外一个重要应用就是带货。直播带货是当下品牌变现的一个标配渠道。零售业要想搭上元宇宙这条船，高度定制虚拟主播就是实现品牌价值变现与元宇宙时代虚拟经济挂钩的桥梁。

虚拟主播本身形象其实也是为品牌宣传而打造的。从某种意义上说，虚拟主播是品牌造星的产物，打破了现实红人主播与品牌调性不能精准契合的壁垒，与现实红人主播相比，其魅力更具"吸粉"能力和带货变现能力。

当前，虚拟主播在视频网站哔哩哔哩上很受年轻人欢迎，即便普通的虚拟主播都有 20 万粉丝，而头部虚拟主播基本在哔哩哔哩平台占据 TOP 榜地位。有流量就有销量，尤其是未来的元宇宙时代，零售品牌与粉丝直接参与孵化的虚拟形象，并进行线上分享、传播和带货，其"吸粉"和带货能力不容小觑。

蒙牛曾在京东的专场直播中一改往日全由真人直播带货的模式，通过混合显示拍摄技术和计算机视觉算法构建了 3D 虚拟形象，与真人主播同框，应用到日常直播带货当中。此外，蒙牛还通过捕捉演员动作实时驱动虚拟形象的方式实现 MR 场景、虚拟形象、真人主播三方实时交互，达到虚实结合的效果，将整个带货直播间推向高潮。

随着虚拟形象的商业化特点越来越凸显，虚拟形象在零售领域的应用正在快速崛起。相信，未来在元宇宙大环境的影响下，虚拟形象在零售领域的应用必将大放异彩。

数字化赋能，迎来零售元宇宙时代

当前，零售产业基于线上、线下的发展各有利弊：线上零售场景常导致顾客对商品的体验不足；线下零售场景则因为门店覆盖范围有限，导致零售渠道的拓展存在瓶颈。

这样的问题，借助元宇宙则迎刃而解，而且还会使得线上线下的融合更加平滑。借助元宇宙的虚拟现实技术，消费者在线上，可以逛商场获得像真实世界线下一样身临其境的购物体验；在线下，也可以通过 VR、AR 等设备进入元宇宙，实现线上虚拟试穿、试用以及购物，获得更为丰富的体验。而这一切得以实现的根本，在于数字化赋能。

元宇宙数字化赋能的核心特征就是数字创造、数字资产、数字货币和数字交易，这些核心特征使得用户体验能够达到虚实合一的境界。当零售业的商品、交易模式等被数字化后，零售业就可以真正进入元宇宙时代。

1. 数字创造

数字创造，即以数字化形式进行产品创造。伴随着数字化进程的逐步普及，数字化已经深入到各个产业。在元宇宙中，一切人、货、场都是以数字化的形式被创造出来。而且创造出来的数字化产品也是可供交易的商品。

传统零售商品的交易是实体商品，而元宇宙世界里的零售业被数字化赋能后，商品都是在突破了物理时空有限约束的情况下诞生的，而且与现实世界里的商品达到了 1:1 复刻的效果。

2. 数字资产

零售元宇宙时代，所有的零售商品都被数字化，这样所有商品的相关信息都一目了然。

例如，蒙牛正在逐步实现商品全面数字化。用户扫一扫蒙牛瓶子上面的二维码就可以参加蒙牛的互动活动，同时蒙牛还能通过这种方式来沉淀用户数据，让蒙牛知道到底是谁喝了它的牛奶。

3. 数字货币

零售元宇宙时代，商品被数字化，货币也被数字化。通常，人们在看到零售业、区块链、数字货币这三个词之后，会认为它们之间风马牛不相及。但是，在零售元宇宙时代，这三者有着紧密联系。

数字货币，即电子货币形式的替代货币。像数字金币、加密货币等都属于数字货币范畴。

区块链是数字货币的最底层技术和手段。数字货币是一种加密货币的存在形式，也正是因为区块链技术的加持，使得数字货币与传统货币相比，在支付的过程中具有更加便捷、高效、安全的特点。

由于区块链除了交易各方的私有信息被加密外，区块链的数据对所有人公开，信息透明。这一特性很好解决了零售业当前进行商品溯源所面临的问题。

另外，数字货币当前也成为一种主流支付方式，在数字货币的助力下，使得零售业支付实现了数字货币化，为零售业的支付带来了更多的便利。有了数字货币，则能够为零售行业进入元宇宙时代的经济运行提供价值交换。

4. 数字交易

有了数字资产、数字货币，零售业的交易必然也实现数字化。在未来的元宇宙时代，商家和消费者一手交数字货币，一手交数字资产，从而构建了一个基于数字化的交易市场。

当下，零售行业数字化转型是必然，未来零售行业数字化特点将越来越明显，将进入一个全新的发展阶段。

【案例】天翼云图：打造虚实共生的互联网信息消费平台

天翼云图是由中国电信打造的虚实共生互联网信息消费平台，致力于联合产业链共创数字商业元宇宙，推出 5G AR 云 Go、VR 云 Mall、AI 数字人云播、AR 网红景观、云 XR 娱乐空间、慢直播云逛街等 5G 新消费产品，赋能实体商业全链路流量变现，让用户尽享信息消费新生活。

天翼云图平台基于中国电信 5G 带来的云网优势，结合云原生、5G MEC 边缘计算、AR、VR、AI 视觉、点云大空间建模等技术，建设基于 5G+MEC 的云网协同基础设施，将应用程序托管从集中式数据中心下沉到更接近企业客户和个人用户的网络边缘，在靠近移动用户的网络边缘提供 IT 和云计算，并利用网络能力开放获得高带宽、低延迟、近端部署优势，为商业综合体及商户提供低时延、大带宽、高算力的业务保障和承载能力底座，满足客户的场景快速定制与部署需求；还以点云能力为基础，开发面向商业综合体的数字孪生能力服务，支持高精地图采集、空间感知服务、AR 内容运营、空间应用服务、3D 模型渲染等能力，并通过数字化能力开放与扩展，支持上层智慧商业多元化、多形态、多场景的应用定制开发。

1. 商业应用模式

天翼云图在拥抱元宇宙的过程中，其商业应用场景主要体现在以下几个方面。

（1）AR 云 Go：室内高精度 AR 导航 + 店铺智能导流营销

天翼云图提供室内高精度 5G AR 导航，用户逛商场找店、找车、找优惠等都方便，此外，还打造了智能导流营销场景，AR 导航途中可配置 AR 集卡、AR 夺宝、红包雨等个性化营销元素，通过沉浸式的互动体验吸引消费者参与活动，领取卡券后导航到店消费，帮助综合体客户实现场内流量的高效变现。

（2）VR 云 Mall：漫步赛博商业综合体，畅享虚实游逛新体验

天翼云图将商业综合体及商户进行数字孪生重构，用户变身数字虚拟人，置身云 Mall 场景，感受全新数字消费潮流，在平行世界里与小伙伴或虚拟店员自由进行社交、逛店、互动、线上购物，参加 5G 信息消费节、品牌发布会、会员内购日等活动。用户足不出户，就可以实现自在游购的梦想，尽享高保真、沉浸式、24 小时不打烊的数字游逛新玩法，感受赛博元宇宙的无限乐趣。

（3）AI 数字人云播：定制数字商业虚拟人，打造直播带货新风尚

定制数字虚拟人形象，以更丰富有趣的隔空互动方式打造虚实共生、潮酷多元的直播带货形式，实现虚拟角色与真人主播同屏互动、优化顾客产品选购体验，全时段为消费者提供优质选品建议，带动销售转化，助力商户降本增效，助力品牌打造非接触、沉浸式互动购物体验。

（4）慢直播云逛街：商业空间 24 小时慢直播，网红地标线上打卡

打造商业空间 24 小时慢直播互动场景，用户躺在家中的沙发上即可随心游逛喜爱的网红地标，多角度领略当地独具特色的潮流文化、时尚氛围，云端参加潮品发布会、明星路演、网红 IP 大展等炫酷活动，不仅如此，还能线上领取各类惊喜优惠券，为线下拔草做足准备。

目前，天翼云图已落地全国 200 余个城市，服务超千家综合体近 10 万商户，开展 2000 余场 5G 信息消费节活动，荣获工信部 2021 年新型信息消费示范项目、工信部第四届"绽放杯" 5G 应用大赛标杆赛金奖、CCFA 金百合时尚零售品牌最佳实践案例、中国 AR 行业 2021 年度优秀创新应用等多项荣誉。

2. 应用展示：部分头部商业用户举例

（1）西单大悦城

天翼云图携手北京西单大悦城打造 5G+AR 智慧导航系统，结合西单

大悦城疯抢节活动，在用户AR导航途中配置海量优惠券包，同时增设线下AR网红景观打卡点，用户可打卡互动领取伴手礼，极大增强了活动期间用户的沉浸式体验感。

（2）合肥万象城

天翼云图携手合肥万象城，打造首家5G智慧商业2.0综合体，AR实景导航、AR景观打卡、VR沉浸式游戏互动、元宇宙版"云上万象"VR逛店＆二次元互动等全场景应用落地，同时预约停车、智慧支付等智慧化停车服务进一步升级，为消费者带来一场更具科技化、数字化的信息消费盛宴。

（3）广州悦汇城

天翼云图携手广州悦汇城，打造广东首个5G+AR智慧导航综合体，用户通过线上小程序、线下打卡点等多个入口，即可开启5G+AR智能导航新游逛，导航过程中领取惊喜红包礼券，与此同时，炫彩华丽的AR冰雪景观为游逛的用户带来了一场沉浸式视觉盛宴。

【案例】沃尔玛：布局元宇宙超市

沃尔玛作为零售业巨头，在元宇宙即将来临之际，不愿意错过任何机会。目前正在低调进军元宇宙领域，多维度探索元宇宙的脚步。

2021年8月，沃尔玛发布了一条关于布局元宇宙的"数字货币战略和产品路线图"。沃尔玛的这一举动表明其正式开始布局元宇宙，同时也说明沃尔玛开始从数字货币和虚拟产品入手向元宇宙领域挺近。

1. 数字货币

沃尔玛目前正在申请独家数字货币专利。沃尔玛的数字货币项目可以为用户提供低成本甚至零成本财富存储方式。持有沃尔玛数字货币的用户可以在特定零售商或沃尔玛的合作伙伴那里，将数字货币兑换并转换为存储现金。

另外，沃尔玛打造的数字货币还可以赚取利息。持有沃尔玛数字货币的用户不但可以使用该币支付，其账户还可以获得相应的利息。从这一点来看，沃尔玛打造的数字货币与目前实体市场中的现金货币在功效方面是一致的。

2. 虚拟产品

2021年10月，沃尔玛开始启动试点项目，在部分门店开始布局元宇宙超市，并提交了七份设计制造和虚拟商品的相关商标申请。

沃尔玛在布局虚拟产品的过程中将目光聚焦在NFT上。由于元宇宙生态存在大量数字化资产，这些资产需要借助资产凭证才能促进元宇宙经济的持续发展。NFT作为一种基于区块链技术的契约数字化凭证，自然会成为实现虚拟物品数字化和流通交易的重要工具。这样,用户只有使用数字化资产货币才能在沃尔玛元宇宙超市完成交易。

3. 发布"元宇宙认知"短片

为了让更多的消费者更好地了解未来虚拟世界的购物场景,沃尔玛还发布了一则短片,站在用户的立场上,以第一视角,推着手推车进入元宇宙超市,眼前货架上的商品信息,包括原材料、原产地、生产车间、产品成分、价格等,都实现了数字化,并以文字的形式悬浮在商品前。用户可以根据这些数字化内容进行选购。甚至在元宇宙超市里还有虚拟售货员协助购物。这则短片给广大消费者带来了无限的遐想空间,也对沃尔玛的这种更具超前科技感的零售模式产生了极大的兴趣,并由此对沃尔玛产生更多的好感。

沃尔玛全面布局元宇宙超市,其目的有三点:

第一,借助高科技,提升消费者对沃尔玛元宇宙超市的了解和认知。

第二,借助 NFT 来实现对实物与货币的数字化、稀有化和安全化,帮助沃尔玛以最低的交易成本实现安全交易。

第三,用全新的商品、货币形式来吸引消费者,快速占领零售业的流量高地,为自己带来创新性收入。

总的来说,沃尔玛布局元宇宙超市,就是想让自己在现实世界的竞争力迁移至元宇宙,从而占据更多的零售业市场份额,保持自己的巨头地位。沃尔玛作为零售业的"大佬",其在元宇宙方面的布局也代表着行业发展的风向标。

【案例】花西子：打造与品牌高度契合的虚拟代言人

在国内美妆行业，花西子可谓是后起之秀。花西子作为一个彩妆品牌，是顺应近年来国潮风而成长起来的国货新成员。在品牌纷纷向元宇宙靠拢、虚拟技术的应用不断普及之际，花西子凭借敏锐的嗅觉，将元宇宙作为新赛道，打造了品牌虚拟形象"花西子"，为品牌代言。

花西子这几年能够在彩妆品牌中获得一定的知名度，关键在于在品牌和产品设计中融入了中国风。

从花西子的品牌命名来说，"花西子"，以"花"为姓，以"西子"为名。"西子"出自苏轼的《饮湖上初晴后雨》中的"欲把西湖比西子，淡妆浓抹总相宜"诗句。此外，"西子"即素有中国古代四大美女之称的西施，同时也是"西子湖"即西湖，暗指花西子这个品牌的孕育之地——杭州西子湖畔。

早期，花西子在选择品牌代言人时会选择具有东方美的明星，如今，为了更好地拥抱元宇宙，花西子推出了一个虚拟IP形象。这位"花西子"代言人的时尚形象带着一种清水出芙蓉的脱俗之感，极具含蓄与内敛的东方古典之美，又自带国际化时尚感，与品牌花西子的审美形象十分相符，传递出花西子品牌"东方彩妆，以花养妆"的定位，不仅通过视觉形象强化了受众的记忆点，还承载了品牌的价值内涵。

未来，"花西子"的设定还会逐渐迭代升级，还会被赋予更丰富的人格、思想、情感、行为和价值观，从而成为品牌拉近与用户距离、提升与用户情感沟通效率的桥梁。

"花西子"虚拟形象的打造，意味着花西子正在借助虚拟形象为自身开启零售元宇宙新世界做准备。

第八章

制造业：工业元宇宙将制造业推向全新的境界

每一项技术的迭代、革新都意味着新挑战和机遇已经悄然来临，元宇宙时代，对于正在数字化转型的传统制造业来讲，在数字孪生、人工智能、VR/AR、5G等技术的推动下，会发展到一个全新的境界。

拟真环境研发制造，提效减耗

早在 2013 年，德国人提出了工业 4.0，指出虚实融合仿真技术构建的 CPS（信息物理系统）被认为是实现智能制造的核心。

事实上，随着 VR、AR、AI、数字孪生、5G、区块链、云计算等元宇宙相关技术的不断融合，元宇宙的应用范围也在不断拓展。另外，元宇宙是互联网技术演变的下一阶段。制造业的发展进入元宇宙时代，工业元宇宙其实是工业互联网的进阶版、升级版。

元宇宙时代的到来，则可以将工业领域的发展带到一个更高阶段，最直观的优势在于：拟真环境生产制造，提效减耗。

工业元宇宙时代，智能制造过程中的应用技术相当复杂，包括边缘计算、AI、数字孪生技术等，其中应用最广泛的是数字孪生技术。元宇宙通过数字孪生技术，将现实世界镜像到虚拟世界中，以此构建细节极致丰富的拟真环境。因此数字孪生是构成元宇宙社会活动体系的基础支撑技术。

进入元宇宙时代，在数字孪生技术的作用下，就是相当于企业将自己完全打包搬进虚拟世界中，变成了一个虚拟的拟真工厂。

首先，这个虚拟工厂的数据与现实世界中的工厂数据能够实时动态同步，实现生产要素的可视化、可验证以及智能化管理。

其次，在这个虚拟工厂中，人们可以对生产工艺进行研发，从而有效减小试错成本。

总之，在这样的拟真环境里进行产品研发和制造，与直接在现实世界里研发产品和制造样品相比，能够有效提高研发、制造效率，降低试错成本和生产成本。

特斯拉在生产制造过程中，就在元宇宙方面进行了尝试和探索。特斯拉在建造和进行工厂维护时，运用了运动模拟分析设计数字原型这样的数字孪生技术，有效提高了生产效率，缩短了交付周期，也因此给特斯拉带来了长期稳定的合作和盈利。

对于制造业来讲，开源节流、降本增效才能实现可持续发展。元宇宙为制造业解决了这一困扰，带来了新的发展方向，必将成为众多制造企业的全新赛道。

借数字孪生技术优化实际产品性能

当前,虽然在制造业领域已经有仿真设计软件存在,应用于仿真虚拟环境中的仿真产品设计,进一步实现真实产品的批量生产。但这个过程中,仿真虚拟环境并不能对产品性能验证达到接近现实世界的状态。

工业元宇宙则可以通过数字孪生技术构建仿真虚拟环境,将现实世界与虚拟环境之间的数据实现实时同步,不仅让仿真结果的可靠性大幅提升,还能做到在仿真虚拟系统中对产品进行迭代和优化。

前面已经对数字孪生有过详细的阐释,它可以在一个设备或系统基础上创造一个与之对应的数字版"克隆体"。也正是基于这一点,数字孪生技术可以实现生产制造产品性能的不断优化。

具体来讲,数字孪生在产品阶段的作用和价值主要体现在:

1. 产品设计验证阶段

在产品投入生产前,通常都会先设计产品并生产样品。借助数字孪生技术可以对产品进行全方位虚拟研究,包括对产品原材料进行还原和模拟、验证,通过计算原材料力学性能、热性能、电磁性能、光学性能、防腐性能,使研发出来的产品性能实现最优化;还可以对研发出来的产品是否符合用户使用习惯等进行拟真验证,如果发现有不足之处、不合理之处,可以在虚拟环境中直接进行改进。

例如CATIA(法国达索公司)主要是通过建模帮助制造厂商设计未来的产品,还可支持从项目前阶段产品的设计、分析、模拟、组装、维护等相关方面的设计流程工作。

具体在工作中，CATIA 在帮助制造商设计一款汽车时，会在仿真的虚拟世界里采用人机工程学模块验证用户下车时是否会撞到头部，以及开车门时把手设计是否科学、合理，是否符合人们的使用习惯；此外，还会借助 3D 模型对汽车产品进行工艺仿真，验证产品制造工艺是否达标，是否能达到最优状态。

2. 样品在应用场景中的功能验证阶段

样品在应用场景中的功能验证阶段，借助数字孪生技术，可以将车间生产真实物体的实时状态以及外界环境的条件都复制到虚拟世界的"克隆体"上。而且"克隆体"的情况也会实时映射到真实物体，把真实物体运营过程中的数据输入到数字孪生模型中，让样品在虚拟环境中更接近现实运行情况，从而检验样品在使用过程中所面临的各种不合理问题，然后有针对性地进行优化，最终就可以使得制造出来的真实产品性能能够达到最优效果，这种特性显然能让生产制造变得拥有极强的可塑性。

这样的操作带来的优势如下两点。

①让产品在打样阶段就尽可能达到完美状态，降低产品在使用场景中的设计不合理性问题，避免了后期产品制造阶段耗费人力、物力、财力和时间去修复和优化这些问题而带来的不必要的成本浪费。

②降低产品在大规模生产过程中的不合理性，提升后期产品生产阶段的工作效率。

在智能制造元宇宙的搭建过程中，数字孪生技术在产品性能优化方面的重要性不言而喻。我们可以想象，在未来工厂中，人们在数字孪生技术构建的虚拟世界工作，虚拟世界的人通过 5G 可以对数字机器进行操作，通过 AI 技术的辅助可以纠正、验证虚拟产品，然后将其传送到物理世界，让真实的机器按照最优的样品实现大规模复制，然后再将真实世界的产品使用反馈信息反馈到虚拟世界，在虚拟世界中再次将产品进行优化。就这样周而复始，生生不息，产品性能也将持续优化。

数字孪生技术——实现机器设备的远程维护

在智能制造元宇宙的搭建中，数字孪生技术除了可以提效减耗、优化产品性能，另一个重要的作用就是足不出户实现机器设备的远程维护。

智能制造元宇宙时代，数字孪生技术的发展可以使制造业轻松实现关键设备的仿真、建模和分析。此外，5G技术可以帮助实现设备信息的实时反馈。区块链技术的协同作用不仅可以实现数据的可追溯，还可以轻松掌握设备故障点的精准位置。在VR/AR设备的协助下，我们可以实现对故障设备的远程操控和诊断恢复。

VR/AR设备作为人类进入元宇宙的工具之一，能让人获得视觉、听觉、触觉等感官产生身临其境的感受。它打破了现实空间与虚拟世界的鸿沟，可以将真实世界的信息映射到虚拟世界，从而实现现实空间与虚拟空间之间的信息交互。

其实，看似是一个简单的VR/AR设备，其背后蕴含了多种技术，如5G、云计算、自然交互等。有了这些技术的加持，VR/AR设备完全可以应用于制造车间设备维修、设备安装调试、生产线巡检等方面。

2020年4月，国内线、棒材和宽厚板专业生产优钢企业之———湖南华菱湘潭钢铁有限公司（简称"华菱湘钢"）的提质改造项目"精品中小棒特钢生产线"在进行到关键安装调试阶段时，由于疫情的影响，工作人员不便出差，使得远在德国和奥地利的技术人员无法对华菱湘钢进行现场技术指导。为了保证项目的正常进行，华菱湘钢便联手湖南移动、华为、AR公司亮风台等企业，通过跨国5G专线，在国内首次运用5G+AR技术展开跨国远程装配。

与此同时，华菱湘钢的工作人员则借助AR设备，在虚拟协作平台HiLeia上，以第一视角通过5G技术实时推送的现场技术指导的加3D标注的画面、音频等，完成了生产线装配工作，最终实现不同地域的工程师跨三地协同合作——工程师如同亲临现场一般，达成高效、精准的远程协作，华菱湘钢在完成生产线装配后，车间生产总效率提升20%。

这是制造业最贴近元宇宙智能制造的一次尝试，实现了分隔异地的人员精准对接，对制造业提升运维效率、降低运维成本来讲，实用价值不言而喻。

工业元宇宙——提高制造业运营管理效率

元宇宙能为制造业赋能，实现透明的数字化管理，有效提高制造业运营管理效率，为生产效率的提高带来新的发展思路。

生产制造过程通常涵盖了流程管理、内部人员管理、供应链管理、营销管理等。工业元宇宙作为元宇宙的一个子集，能够对制造业经营管理效率的提升带来质的飞跃。

1. 流程管理

以往，制造企业在流程管理中存在很多问题和弊端。比如，前端没有做好详细规划，导致后端生产环节出现诸多纰漏，然后再寻求补救办法。显然这样的流程管理十分混乱，生产周期长、效率低，造成资源浪费。

在数字孪生技术与信息物理系统的协同下，制造企业可以对车间生产线实现实时监督管理，做到事前合理规划，事中科学决策，事后决策模型迭代和优化。

2. 内部人员管理

传统制造业，很多情况下都需要员工到场办公。以运维技术人员为例，他们需要常年出差，往返于全国乃至国外制造厂商之间，一方面太过耗费时间，另一方面太过浪费财力。

在元宇宙时代，基于虚拟世界与现实世界的融合，员工完全可以在虚拟空间里实现远程办公、居家办公，通过如 Facebook 所推出的虚拟办公室——Horizon Workrooms，就可以开远程会议。在元宇宙中远程办公，不但比传统到场办公效率更高，也给了员工更多自由和时间去思考更多、更优质的问题解决方案。

3. 供应链管理

对于制造业而言，生产效率的提高可以让制造商能更加持久地发展下去。供应链协同效率的高低在一定程度上影响着生产效率的高低。

早期，传统制造业中，供应链上的各个企业之间是相互独立的，存在信息孤岛现象。比如在采购环节，很多制造商有着十分繁杂的采购流程。首先，供应商需要提供各种资质证明材料、销售情况、产品质量证明、生产能力证明等，并对这些材料进行长时间的审核。审核完毕后，制造商会将供应商的认证材料收纳到制造商的资源数据库，而且采购部门会每半年再次对各家供应商的数据信息更新一次，耗时又耗力。

此后，相关制造企业开始尝试打破供应链上各企业的边界，将供应链上的孤岛信息链接在一起，打通数据链条，实现多方利益最大化。但由于竞争环境复杂多变、资源分配不均等问题，供应链上孤岛信息问题没能得到很好的解决。

工业元宇宙可以为供应链协同提供一个新思路。未来的竞争不是企业与企业之间的竞争，而是供应链与供应链之间的竞争。这是被各领域企业家所公开认可的。基于区块链技术，我们可以将供应链上的各企业上链，此时链上的各企业数据都是透明的，下游的供应商有生产需求，上游的原材料供货商就会在短期内为供应商提供满足下游订货需求的原材料。这样，整个供应链上的企业就能共同维护生态发展，实现全员受益。

4. 营销管理

工业元宇宙时代，原本传统市场中的纸质产品信息、平面说明书将逐渐消失，取而代之的是基于虚实共生、高沉浸感的数字化产品信息。

在销售过程中，顾客借助VR/AR设备，就能参与虚拟世界的产品设计，并通过对数字化产品信息的了解来判断和选择产品。这种全新的营销管理模式减少了无效沟通，节约了用纸成本，提升了销售转化率。

　　元宇宙给制造业生产效率的提升带来了无限空间，帮助制造业解决了很多棘手的问题。相信，未来元宇宙时代，制造业的发展还会迎来更多、更大的突破。

【案例】联想：构建虚拟工厂，走在元宇宙应用的前列

在制造业领域，联想可以说走在了智能制造的最前列，其在互联互通、柔性制造、虚实结合、质量闭环、智能决策五个方面的能力显得尤为突出。

如今，元宇宙给制造业的发展带来了全新的机遇。联想充分抓住这个机遇，走在了智能制造元宇宙应用的前列。

首先，构建虚拟工厂，对产品流程进行验证和优化。

联想借助数字孪生技术，再加上其产品设计和制造过程中的虚实结合能力，建立了虚拟工厂，实现了虚拟环境下的产品测试和分析，然后再通过虚拟制造对产品流程进行验证和优化，确保现实世界中生产制造的顺利进行。

其次，虚实结合，实时监控设备。

在样品正式进入生产线投入批量生产时，联想借助数字孪生、虚实互联技术，让关键设备在模型上被实时监控，一旦发现设备问题，就会对其进行即时调整，以确保产品生产效率和品质。

再次，打破数据孤岛的限制。

在以往的生产流程中，研发设计部门与制造工艺部门数据是独立管理和运行的，这就很容易造成信息的不对称性，最终引发生产线停工，延长生产周期，带来经济损失。联想在接轨元宇宙之后，打破了企业内部部门之间数据孤岛的限制，通过建立物理产品的数字映射，再借助用户实用真实产品的反馈信息，打造数字化工艺解决方案。该方案的主要应用场景包括以下三方面。

场景一：研发人员可以实时查看产品在生产过程中的相关信息是否符合研发设计要求。

场景二：根据不同的订单需求，实时生成对应的最佳序列，满足不同订单配置，以可视化方式呈现给生产线工作人员。

场景三：工厂在收到产品变更信息时，生产线自动更新可视化工艺。

最后，构建产品优化仿真方案。

联想在虚拟空间为物理产品构建仿真数字模型。该模型不但与物理产品形似，还能模拟物理产品的实际运行，并通过仿真数字模型在运行过程中的数据反馈，即时构建产品优化仿真方案，以达到改变整个物理产品形态的目的。

仿真方案的实施可以为联想带来从研发量产周期，到生产效率，再到产品品质的全方位提升。

联想构建的产品优化仿真方案，其主要应用场景如下：

场景一：在现有订单的基础上进行订单更改、订单切换之前，可以通过仿真数字模型验证更改或切换订单是否会影响订单交付的时效性。

场景二：在生产线还处于设计阶段，没有购入实体设备时，可以通过仿真数字模型验证设计方案中的生产流程、设备结构是否合理。如果发现问题，可以有针对性地加以改进。

联想在智能制造元宇宙方面的探索和尝试，虽然只是冰山一角，但代表了未来制造业发展的一个方向，随着元宇宙时代的真正来临，制造业会真正步入这方面发展的快车道。

【案例】神舟十二：航天员置身仿真模型训练飞行

近年来，要说航天史上的壮举，毫无疑问，"天问一号"成功登陆火星，并释放了首辆火星车"祝融"自然当仁不让。但神舟十二号载人飞船发射成功，并有三名航天员在外太空驻留3个月，开展舱外维修维护、设备更换、科学应用载荷等一系列操作，则标志着中国空间站建造任务再次向前迈出了一大步。

相信很多人对于航天员平时如何在地球上训练才能适应外太空失重的环境下，并能够长时间生活和完成工作任务都很好奇。

其实，数字孪生技术在神舟十二号研发的过程中起到了关键性作用。航天工程师们通过数字孪生技术，打造了一个与神舟十二号航天器的核心舱一模一样的虚拟模型舱，让航天员在虚拟太空中进行无数次模拟飞行。

与以往相比，这一操作在研发效率和成本控制上达到了新高度。更重要的是，在更加逼真的虚拟太空中操作，满足了在现实世界中无法进行实验的需求。

神舟十二号航天员置身仿真模型，在虚拟太空中训练飞行，实现了虚实结合，可以说是向元宇宙领域的初级探索和尝试。相信，在未来，元宇宙将会为我国航天事业的发展带来更多创新性应用。

第九章

文化产业：将文旅、文娱体验提升到极致

近几年来，文旅、文娱产业正在快步稳走中迎来了翻天覆地的变化。文旅、文娱产业在嫁接元宇宙后，有望拓展市场的想象边界，打造多种可沉浸式元宇宙应用场景，将文旅、文娱体验提升到极致。未来，无限可能。

虚拟叠加现实——沉浸式体验古风盛世场景

元宇宙中虚拟与现实叠加的沉浸感对文旅行业来说是一种新的方向。

文旅业在元宇宙中的应用重点是技术、创意和体验。技术,即文旅业要充分发挥现有技术力量,向元宇宙靠拢;创意,即文旅业需要发挥更多的想象力,给游客带来更好的旅游项目;体验,即文旅业为游客带来全方位的优质体验。然而,技术和创意最终都是为体验服务的。所以,提升游客体验才是最终目的。

元宇宙本质上是对现实世界的虚拟化和数字化,可以对用户体验、实体世界内容进行大量改造。元宇宙与文旅业相结合,使得文旅数字化迈向更高阶层,能够将线下建筑在数字空间生动地复原和呈现。

基于这一点,当文旅业遇上元宇宙,在数字孪生、VR/AR技术、5G技术等的作用下,可以以现实中存在的自然或人文景观资源为模板,打造更具沉浸式的文旅体验,包括场景环境、场景氛围、场景情调、场景蕴意等,都能达到与现实世界相仿甚至更加逼真的境界。

当前广大游客对沉浸式个性化体验的需求变得更加强烈。这几年,在众多古香古色的旅游景点,都能看到各个年龄段的人身着古装,穿梭在古城的大街小巷,宛若回到了古代一般。同时,人们对于古人的生活方式、生产方式以及娶嫁风俗等都充满了好奇,甚至想穿越回古代亲自体验一下。

元宇宙作为各种高科技的结合体,可以帮助文旅业借助最高科技的体验手段、体验方法、体验模式、体验载体、体验平台,以及在最高科技的氛围下,打造出能给游客带来沉浸式体验的数字虚拟古风盛世场景,让游客仿佛真的置身于古风盛世当中,感受那个时代的人文气息,重温那个时代的都市繁华。

元宇宙实际上是云旅游的进一步升华。在相关机构发布的最新旅游图鉴中显示,当前游客年龄结构正在趋于年轻化,而这些年轻的消费群体大多数是互联网世界的"原住民",他们非常习惯通过网络和数字化方式进行消费、获得体验,也更喜欢尝试新鲜事物。所以,文旅业在触达元宇宙领域之后,会更具吸引力,能给旅游业带来更大的商业潜力。

VR全景旅游：足不出户，拥有"诗和远方"

近年来，受到新冠疫情的影响，线下旅游业收入惨淡。但元宇宙概念的出现却也在另一个方面为旅游业带来新的商机。

VR全景旅游成为旅游业的一种新时尚，正在受到众多游客的青睐和追捧。VR全景旅游是一种借助3D技术、云计算、5G、数字孪生技术，将摄影师上传的实景图片在线设计制作成一种逼真的数字虚拟环境，游客通过VR设备，可以在虚拟显示世界获得沉浸式体验。

有一位创业者借助VR技术打造了一个线上旅游平台。除了将旅游景点映射到数字虚拟环境中，还把景区周围的商场、周边产品等都融入数字虚拟环境中，为游客提供了丰富的全景图。该创业者的VR全景制作程序，实现了全自定义编辑功能。入驻的其他创业者可以根据客户需求，创作定制化、个性化的VR场景内容。

目前，该创业者打造的VR全景线上旅游平台是免费开放的，提供全景再现制作服务和操作课程，以此吸引更多的创业者积极入驻平台，做更多创造性设计。这位创业者仅用了两个月，就吸引了将近15 000名创客，服务的客户数量超过100 000家，助力了旅游业经济的复苏。

VR全景旅游可以让游客身临其境地体验景点特色，也能提前浏览线路，选择酒店，有效降低了旅游成本，提升了出游效率，还可以让游客穿越时空，欣赏古风古色的历史美景遗迹。总之，VR全景旅游让游客足不出户就能拥有诗和远方。

【案例】"大唐·开元"不夜城：打造基于唐朝风貌的"元宇宙之城"

大唐盛世，是我国历史上最为辉煌的时期，令人甚为神往。

唐朝是一个十分耀眼的朝代，唐朝都城就坐落于今古都西安市的长安城。近年来，西安曲江文旅打造的"大唐不夜城"，以唐代风格著称，充满了盛唐元素。建筑高大华丽，街道商铺林立，既是当地人消遣的好去处，又是外地游人感受盛唐风情的好地方，吸引了众多游客前来游览。

随着元宇宙逐步在我国旅游行业落地，2021年11月，曲江文旅旗下的大唐不夜城与西安数字光年软件有限公司合作，打造了全球首个基于唐朝文化背景、嫁接元宇宙的旅游项目——"大唐·开元"。

该项目共包含以下几个部分：

1. 复刻大唐不夜城的繁华景象

"大唐·开元"其实就是曲江文旅与西安数字光年软件有限公司合作，借助数字孪生技术打造的大唐不夜城的镜像虚拟世界。在这个虚拟世界里，1∶1搭建了唐朝长安城建筑，可以同时容纳百万人居住。

早期进入大唐不夜城的镜像虚拟世界体验的用户，还可以参观唐朝长安城建筑的建设过程，并共同参与其未来的规划和建设。

镜像虚拟世界建成之后，游客不论身处何方，都可以通过VR头显设备登录"大唐·开元"世界。只要动动手指就能在完美复原的唐朝街道上游览和购物，可以享受和现实世界一样的商家折扣。游客甚至还可以像在现实世界一样和自己的好友一起逛街游玩。

2. 打造首个 3D 建筑模型的数字藏品

该项目还开辟了以 IP 衍生品位对象的数字经济市场。这是一种以区块链技术赋能 IP 价值属性而开创的新型玩法，由此打造了首个 3D 建筑模型 NFT 数字藏品"大唐开元·钟楼""大唐开元·小雁塔"，每个 NFT 数字藏品共发行 10 000 份，上线数秒就全部售罄。进入这个镜像虚拟世界的游客还可以用虚拟货币购买自己喜欢的 NFT 数字藏品。大唐不夜城的 NFT 数字藏品首次发售，是一种商业变现模式的创新。

目前，曲江文旅与合作伙伴以大唐不夜城为开端，打造的大唐元宇宙除了开发以上两赛道，还在公共设施、玩法组模等方面进行精心布局，力求将所有真实世界存在的物理事物、秩序、规则等进行复刻，实现由实向虚的转换，同时让更多的游客参与进来，在虚拟与现实相结合的世界进行深入互动，并构建一个有序的虚拟经济市场，为文旅行业注入新鲜血液，赢得更多的商机。

【案例】海昌海洋公园:"社交元宇宙"与数字化藏品开启旅游元宇宙新体验

海昌海洋公园,是一家围绕海洋文化特色打造的主题公园运营商。近几年旅游产业拥抱元宇宙之际,海昌海洋公园也积极接入局元宇宙。

1. 布局年轻社交元宇宙

2021年11月,海昌海洋公园与基于兴趣图谱和游戏玩法的虚拟社交网络平台Soul合作,打造了一场主题为"打开年轻社交元宇宙"的活动。

该活动一方面借助海昌海洋公园在年轻人中的较高人气,另一方面由Soul以年轻用户的个性化特点和消费习惯为入手点,在Soul一贯的风格上,将梦幻的海底世界接入了社交元宇宙当中,让年轻用户拥有一个好玩、有趣的全新社交场景,进一步丰富了"社交元宇宙"的场景。

这里的"社交元宇宙"场景,其实是一个实时在线的虚拟世界。Soul的用户以及海昌海洋公园的游客,可以通过参与Soul站内测试、分享海昌海洋公园定制节日活动贴纸合影、展现节日活动精彩瞬间这三种方式获得海昌海洋公园的节日活动"派对"入场券。之后,拥有入场券的人可以凭借自己的虚拟化身进入这个虚拟世界,并基于自己的兴趣图谱或推荐找到志同道合的伙伴。然后,大家可以在多样化的虚拟社交场所中一起交流和娱乐,建立逼近现实的社交链接,享受多样化的沉浸式社交体验。

海昌海洋集团旗下的十个主题公园全部参与了这场"社交元宇宙"活动,线上玩家可以在上海、三亚、大连、青岛、成都、天津等任意城市参与到该活动当中,近距离感受元宇宙。

据相关数据统计,"95后""00后"更加喜欢尝鲜与元宇宙有关的体验，他们更加热衷于打造个性化数字人设，参与到这场活动中进行全新社交和娱乐体验。

2. 发布数字盲盒珍藏品

海昌海洋公园在开启旅游元宇宙大门的路上，除了布局社交元宇宙之外，还在2022年1月举办了一场"虎鲸骑士团·开启海洋NFT数字盲盒"活动，发布了数字盲盒珍藏品，这也是海昌海洋公园链接元宇宙的另一个切入点。

以上海海昌海洋公园的数字盲盒活动为例。该公园采用"线上线下双抢模式"，在活动开始的第一阶段是线上抢购阶段，从2022年1月26日开始，于1月30日结束，每天限量发售3000个盲盒；在活动的第二阶段，采用线下抢购模式，活动时间为2022年1月31日至2月6日，每天限量发售1000个。凡是在上海海昌海洋公园购买数字盲盒的游客，均可以获得MR数字体验机会，可以进入数字化虚拟场景中来一场突破次元壁垒的奇妙冒险之旅，除此以外还可以获得一枚虎鲸骑士团荣誉勋章。

当一件艺术作品遇到NFT后，就变成了区块链上独一无二的数字资产。而当时下流行的盲盒遇到NFT后，就可以通过互联网终端将数字盲盒进行加密。进入虚拟世界中的消费者，在选购时，数字盲盒都属于未开启状态，只有拆开盲盒后才能获得独一无二的数字编号，而且这个盲盒唯独属于购买者一人。再加上盲盒在被NFT技术加密后，就具备数字权益证明、不可篡改的特质，既满足了人们收藏、占有的需求，又具备了可转售、可增值的价值，自然受到广大用户的追捧。

"社交元宇宙"和"数字盲盒珍藏品"可以说是海昌海洋公园入局元宇宙的两个极为重要的布局，也为旅游业的其他企业拥抱元宇宙打了个样。未来，旅游业在元宇宙领域有更多创新性应用时，必将更好地提升自己的商业变现能力。

虚实音乐场景结合，创造更多可能

技术的发展改变了娱乐的呈现形式，人们不再局限于时间和空间，便能很好地享受一场精彩纷呈的娱乐活动。

进入元宇宙时代，文娱产业的发展，尤其是音乐领域的发展，将得到更大的突破，实现现实和虚拟的深度融合。

当前，我们主要是通过PC端电脑、手机看或听视频音乐，或者线下观看真人演唱会。音乐领域进入元宇宙时代，将会给人们带来前所未有的音乐体验。

目前，很多音乐巨头正积极投资适宜虚拟演出场景的游戏公司，游戏公司也将其业务扩展到消费场景。国内虚拟演出技术服务商开始涌现，内容和技术的强强联合，正在为构建虚实音乐场景结合而打造自身竞争优势。

中国音乐独立唱片公司摩登天空早期已经在虚拟人赛道开始布局，其签约的虚拟艺人包括NAND、POOI池乐队、DJ Purple、AYAYI等。同时，摩登天空旗下也有四组虚拟音乐人，包括付菡（原力女孩）、APEX（APEX）、GUAN（GUAN Twins）、GG龙虾（GG龙虾）。

2021年12月，中国音乐独立唱片公司摩登天空与万像文化联合推出的"M_DSK五周年×NoProblem特别演出"中，虚拟艺人与真实艺人同台演出，上演了一场虚幻与现实相互交错结合的奇幻表演。

这场表演背后的技术由晚香文化提供，此外还授权了VR品牌爱奇艺奇遇以及爱奇艺直播，在这两大平台上进行特殊呈现。

摩登天空在虚拟赛道上的布局从未停止，而且还推出了一个专业的唱作偶像 Miro。Miro 其实是 Mirror（镜子）和 Miracle（奇迹）的合体，象征着镜子版呈现出现实与虚拟之间的折射。摩登天空计划未来将 Miro 用来以音乐为语言表达对世界的感知，突破虚拟与现实的界限，为文娱领域带来无限可能。

摩登天空虚实音乐场景结合的一系列布局，让我们看到了文娱产业在元宇宙落地的未来。

元宇宙席卷全球的当下，由于受到疫情的影响，使得虚实音乐场景结合的爆发显得理所应当。这使得很多游戏平台因为技术和用户优势，而成为音乐人构建虚实音乐场景的首选之地。与此同时，由于游戏行业在元宇宙方面的布局较为成熟，能够帮助文娱行业在迈向元宇宙的路上产生新的增长。

也正是因为其中所蕴含的巨大前景，才掀起了文娱企业抢占元宇宙市场的风潮。未来，元宇宙经济将成为文娱市场的主流，音乐领域也必将加快向元宇宙进军的速度。元宇宙为音乐世界打造了一个全新的可以不受时空限制的增强现实体验领域。这个全新的体验区域，赋予了音乐行业更多的空间和想象力，给音乐行业带来了更多的机会。

跨场域虚拟演出成为全新舞台模式

受到新冠疫情的影响，许多线下演出如音乐节、演唱会、音乐会等不得不取消，线上娱乐方式成为主流。但线上演出往往缺少线下演出热烈、欢愉的氛围。

随着VR/AR技术、5G网络的不断发展和普及，虚拟演出在文娱领域迎来大爆发，由此带来的沉浸式体验受到越来越多人的青睐。

元宇宙的出现进一步促进了虚拟演出市场的火热，可以有效化解文娱领域线上、线下存在的弊端。

早期，XR技术就已经运用于演唱会、发布会、电影制作等场景中。XR融AR、VR、MR等多种技术为一体并进一步扩展，通过计算机可以将现实与虚拟相结合，打造一个可以实现人机交互的虚拟环境。在各种演出中融入XR技术，可以让虚拟演出的舞台感染力和冲击力更具震撼效果，为观众带来更加强烈的感官体验。

这种虚拟演出，让原本受到物理空间和时间限制的线下演出舞台搬上了云端。在云端的虚拟演出中，无论真实艺人还是虚拟人物形象都能获得超乎想象的曝光度。除了可以增强"吸粉"引流能力，提升点赞、打赏数量之外，还可以有效提升变现能力，拉动周边数字资产的销量。

随着科技的不断发展和人们审美观念的不断提升，人们的观演方式和渠道也发生了巨大变化。跨场域虚拟演出，已经不再是一种短暂替代线下实体演出的工具，而是随着元宇宙的到来，逐渐成为一种文娱领域的主流演出模式。

因此，众多音乐公司和音乐人开始对这种跨场域虚拟演出进行了尝试和探索。

2020年7月，一家致力于网页设计和视频内容创作的公司Prismax与《明日世界》影片的创作团队一起打造了一场虚拟音乐盛会。Prismax为这场虚拟音乐会打造了八个不同的虚拟舞台，以满足不同类型的音乐演出场景需求。

同年8月，著名歌手The Weeknd在抖音平台上举办了一场别有趣味的虚拟音乐会。在音乐会中，The Weeknd借助XR进行互动式表演，为粉丝带来了难忘的沉浸式虚拟音乐会体验。

同年11月，著名歌手Justin Bieber，在虚拟娱乐平台Wave上，借助自己的虚拟形象，举办了一场虚拟演唱会，延长了他的新专辑《Justice》中的歌曲。

从上述三个案例可以看出，文娱产业接轨元宇宙之后，会以一个全新的表演舞台呈现给听众和观众，除了现实表演之外，音乐人多了一种表演空间。与单纯的线上或线下演出相比，艺人在虚拟空间里不但可以唱歌、弹奏、跳舞，还可以随意设计和创造出各种在现实世界中无法实现的表演形式，而且艺人还可以转化为数字化身，在虚拟世界中举办粉丝见面会，与粉丝互动。

不仅国外相关企业重视布局元宇宙，我国文娱企业也开始转型布局。咪咕音乐从中看到了拥抱元宇宙带来的甜头，于是在2020年8月与一家网络游戏公司——多益网络签订了战略联盟合作协议，双方在彼此用户和内容的基础上，加强内容合作，打造"游戏+音乐+5G"的合作模式。用户足不出户就可以通过VR/AR设备随意进入不同的表演场景，观看虚拟表演。同时还能实时享受在线社交，获得超预期的互动体验。这些布局其实为咪咕音乐进军元宇宙打下了坚实的基础。

虽然虚拟演出的雏形早已形成，但在VR、AR、AI、5G、云计算、大数据、区块链、数字孪生、3D 等技术的加持下，跨场域虚拟演出，必定能以更快的速度向元宇宙迈进。可以预见，跨场域虚拟演出为文娱领域构建了一个全新的增量市场，也必定会吸引更多的科技巨头在这方面布局落子。

虚拟展会——拉开数字科技与艺术交互新时代序幕

目前，元宇宙的发展还处于初级阶段，人们在不断学习和探索这个领域的过程中，也进行着多方面应用性尝试。运用技术手段，创造多元化数字艺术空间，呈现非传统观展体验，是当前的一个全新应用探索领域。

对于一场艺术展来讲，最好的感受方式就是"现场感"。参展者只有身临其境，才能真正体验到光影、神效等带来的视听上的触动，依次还原逼近真实世界的展览体验。

当前，已经有很多会展，借助虚拟会展打破虚拟与现实的界限，向元宇宙时代靠拢，拉开数字科技与艺术交互新时代的序幕。

1. 数字科技新时代

元宇宙本身具有很大的想象空间，当下，众多行业都将在拥抱元宇宙，为实现数值化转型提供新路径。会展作为文娱领域的一部分，与元宇宙接轨，同样能开辟出一个数字科技新时代。

2022年1月，上海举办了一场题为"C位出道"的元宇宙新生活艺术展。整个展览占地面积超过1000平方米，共分为三个板块进行展览，分别是像数迷宫、NFT数字艺术新发现、开放弓箭"NFT图像市集"。

以像数迷宫为例。像数迷宫借助影像、雕塑、绘画、声音、表演等，将观展者带到一个更为庞大的数字世界。并以不同形式投放进元宇宙之中，生成各自独特的NFT作品，将它们从现实世界转化为虚拟空间形态，打开了一个全新的元宇宙新世界。观展者在这里不仅可以购买、收藏艺术作品的物理实体，还可以购买、收藏在区块链上认证并存储的该艺术品的NFT数字作品。

2. 艺术交互新时代

对于艺术领域来讲，每一次技术更新都为一场艺术变革创造了良好的先机条件。元宇宙时代的到来，使得艺术搭乘时代列车，开启了一个全新的艺术交互新时代，吸引着越来越多的艺术家瞄准这个领域进行创新性创作。

2022年4月，在北京开展亚洲首发的虚拟现实混合数字艺术展"Meta Ball mini"上，参展者可以在线下戴上混合现实眼镜，透过瞬间的虚拟现实混合技术，在数字艺术关联的领域探索元宇宙，感知元宇宙原住民的身份，体验多元艺术形态。

随着元宇宙时代的来临，虚拟展会与传统文化艺术展会相比，基于区块链技术的文化艺术形态呈现出更加多元化的特点。通过区块链的智能合约，可以对艺术作品进行溯源，保证数字艺术作品的真实性，同时还能实现更多的交互与创新。可见，元宇宙对文化艺术的影响意义重大。

【案例】跨年晚会：虚拟人登台突破虚实结合边界

2022年江苏卫视跨年晚会，最大的亮点就是多位虚拟人在晚会中亮相。

1. 虚拟原生人"邓丽君"登台上演跨时空合唱

在2022年江苏卫视跨年晚会上，实力"唱将"周深与虚拟人"邓丽君"跨时空合唱《小城故事》《漫步人生路》《大鱼》三首歌曲。

伴随着《小城故事》的音乐，虚拟人"邓丽君"身着一身水蓝色旗袍，随着升降舞台缓缓出现在观众面前。效果逼真，穿越了时间和空间，给人带来扑面而来的冲击力。在"邓丽君"开嗓献唱的一刹那，多少歌迷们的情感被激发了出来。在演唱中，"邓丽君"的表情、动作，在舞台上的倒影、头发和皮肤的光影、手掌纹路、衣服褶皱，都十分逼真，甚至是演唱时换气的微小动作以及发丝等细枝末节都展现得栩栩如生，赢得了台下观众热烈的掌声和赞叹声。

当《漫步人生路》的音乐响起时，随着周深与台下观众亲切打招呼，站在一旁的"邓丽君"的水蓝色旗袍瞬间变为红色晚礼裙。晚礼裙上的水钻装饰品也在光影下闪闪发光。在音乐伴奏部分，"邓丽君"还挥手对台下的观众说"hello"，与台下观众进行互动。

在《大鱼》前奏部分，"邓丽君"再次变装，以一袭温婉的杏色晚礼裙呈现在观众面前。与此同时，"邓丽君"还做了自我介绍，并向台下观众问好，"祝大家新年快乐"，实现虚拟与现实的无障碍交流。

在与周深合唱的过程中，通过数字孪生等技术生成现实世界的镜像，构建的虚拟人"邓丽君"仿佛真正的邓丽君复活了一般，从外貌、身形、甚至连合声都运用得淋漓尽致。这场跨时间和空间的合唱是一种挑战，更是一种突破，有一种梦想照进现实的梦幻感。这是文娱领域借助科技的力量带来的全新视觉冲击力，更是打破虚拟与现实边界，在元宇宙领域的一种探索和尝试。

2. 数字人团体 VSinger 家族登台表演

国内顶尖虚拟偶像团体 VSinger 家族与硬糖少女 303 同台表演《卡路里》《普通 Disco》。VSinger 家族共由六位虚拟人组成，虽然在逼真程度上与虚拟人"邓丽君"有一定的差距，但在表演动作方面十分灵活。在与真实世界的硬糖少女 303 同台表演的时候，配合十分默契，毫无违和感。

虚拟人是目前能给大众带来视觉冲击力的最接近元宇宙的表现形式之一。江苏卫视借助虚实结合构建的虚拟原生人"邓丽君"和数字人团体脱离了物理世界而存在，从只能想象的文字艺术概念，到能够实现试听的具象化影像，再到可实操的极致试听交互，极大地促进了娱乐业元宇宙的生态繁荣。可以说，江苏卫视 2022 跨年晚会将元宇宙娱乐做到了极致。

【案例】清明上河图：沉浸式展览，呈现独特作品魅力

文娱行业在逐渐向元宇宙靠拢的过程中，诸多展会已经开始借助文化艺术作为切入点，向元宇宙进发。

2021年11月，南宁ACMALL科技艺术中心举办了一场"清明上河图科技艺术沉浸特展"，就是十分震撼人心的元宇宙艺术展案例。

1. 虚拟场景真实再现，展示科技艺术之魅力

全馆在展出《清明上河图》作品时，打造了25.8米长，3.5米高的超长全息巨幕，构建了重彩山水幻境，并借助先进的人工智能技术、虚拟现实技术、数字孪生、VR/AR技术、动作捕捉技术、沉浸式多感官交互技术等，打造了一个全息沉浸式文化展览，以此展现中华文化。这场展览集文化、科技、研学内容元素于一体，涵盖人文、数字文创、社科等多种主题，以满足不同参展者的观赏需求。

在参展过程中，《清明上河图》中的放马、荡秋千、迎亲嫁娶、说书、造房等500年前古人用画笔记录的生活，在500年后通过科技真实再现。在这幅动态长卷中的人物，借助高新技术系统捕捉真人演员的动作特点，再将动作与虚拟人物的3D模型绑定，使得画面呈现出各行各业的生活场景，让画卷中的1300多个人物活灵活现。此外，这场特展还借助云计算、5G技术，对昼夜更替的实时光源进行演算，从而自然呈现出大明苏州城从白昼到夜晚初上灯时分的繁荣热闹景象。参展者可以感受到高雅的艺术氛围与极具烟火气息的市井文化，沉浸式体验前沿科技的互动应用与传统文化的交织。

2. 主题随意切换，实现多感官体验

这场特展，除了向参展者再现明朝人文气息和繁荣经贸，还通过时令、节气、风俗等不同活动，随意切换主题内容，做了多领域的探索和多形式的呈现，包括角色穿越、非议体验、文化展演、文创手办等，给观展者带来多角度、多感官的沉浸式体验，让观展者感觉自己仿佛置身于明朝繁华都市，享受这一场与众不同的全观感穿越之旅。

总之，这场沉浸式展览举办的目的，就是让现代与古代交织互动，让人们更好地理解和探索元宇宙的奥秘，为观展者带来一场耳目一新的视听体验。

第十章

教育产业：拥抱元宇宙，推动教育模式变革

当前，不少教育机构正在为转型而头疼不已。元宇宙受到各领域追捧，热度不断提升，越来越多的人和教育机构开始关注元宇宙在教育产业中的应用，希望拥抱元宇宙之后，能够引发教育领域的巨大变革。面向未来，教育与元宇宙的融合将会擦出不一样的火花。

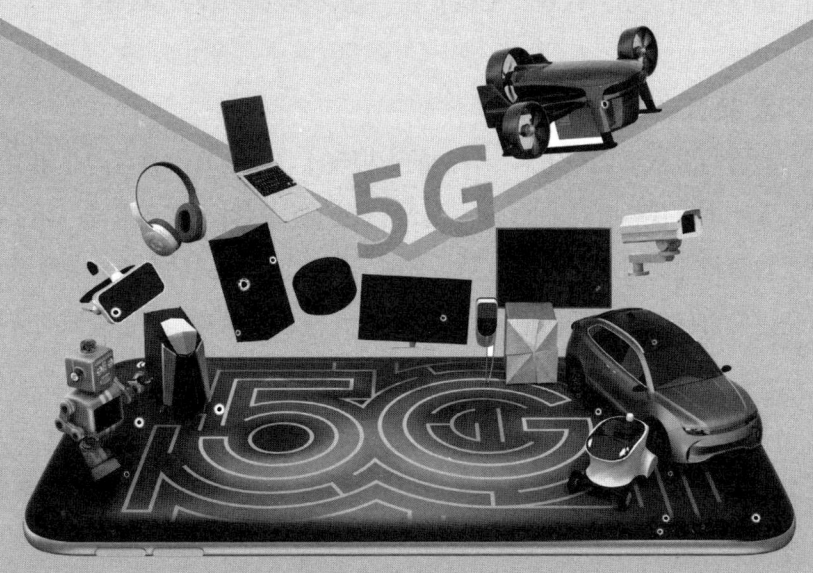

实现跨学科、跨区域、即时共享教育

现阶段,人类社会已经进入"生活就是学习,学习就是生活"的阶段,这也是对"活到老,学到老"的最好诠释。

传统教育向更高层次迈进,首先在于新技术入局。元宇宙作为多种技术的结合体,为人们的学习提供了最好的技术基础,为教育行业的发展带来了很多机会,由此也引发了教育领域的巨大变革,主要体现在以下几点:

1. 教育跨学科化

教育的发展进入元宇宙阶段,在云计算、VR/AR等技术的作用下,线上远程交互越来越频繁,教育机构的资源利用率越来越高,课程兼容性也得到了强化,不少跨学科教育平台的崛起使得诸如文化、历史、地理、生物、医学等相关学科课程紧密融合在一起,实现教育跨学科化。

2. 教育跨时空化

教育行业入局元宇宙后,营造的虚拟现实场景与真实教育产业相结合,这是元宇宙时代教育产业的一个重要发展方向。这对于教育来说,元宇宙打破了教育行业的时间和空间边界,实现了传统教育模式的升级和教学资源的平衡,使得任何人在任何地点都可以轻松体验各种教育元宇宙资源的应用。

国际知名大学斯坦福大学为了与元宇宙接轨,近期开设了元宇宙课程。在这门课程中,学生可以在自己的宿舍里或者世界上任何地方戴上VR头显设备,来一场与众不同的远程上课。该虚拟课程可以最多容纳300名学生同时上课。

虽然这门课程看上去不那么严肃，学生戴上 VR 头显设备可能是出于好奇来体验一把，但事实上，VR 将成为这门课程以及未来元宇宙课程的重要基石。组织上百名学生在足不出户的情况下同时戴上 VR 头显设备，在几个月的时间里遨游在虚拟教育领域。比如学生上课地点可能是一个虚拟博物馆，也可能是一个颇具科技感的实验室，或者是地球上从未有人涉足的角落，甚至可以回到史前文明。这样庞大的规模，这样突破时间与空间边界、别具一格的课堂体验，是史无前例的。

VR 技术成为链接学生与教学场景的桥梁和工具。在 VR 头显设备的帮助下，学生可以更好地了解、熟悉和掌握更多知识和内容。

3. 教育即时共享

当前，教育领域的一个弊端就是教育资源存在"孤岛"，难以实现短时间内的即时共享。

元宇宙时代，这个问题将迎刃而解。由于元宇宙是由技术、产业和产品共同支撑构建的一个新世界，在这个世界里，人们将会实现一个虚拟的共享空间，人们可以随时随地进入这个数字世界。

因此，教育即时共享也是元宇宙时代教育领域实现变革的一个显著特点。

比如，现实世界的人与元宇宙世界的人，可以通过元宇宙将自己手中掌握的有价值的知识资源投影给对方。这样，现实世界的人和虚拟世界的人就实现了教育内容的即时共享。

元宇宙概念的兴起，可以应用于教育领域，为教育行业带来新的想象空间。掌握元宇宙这把解决当下教育问题的重要钥匙，能将教育行业带到一个全新的高度。

镜像学习：创造身临其境的学习空间

目前，人类生存的空间已经扩展到三维空间。元宇宙时代，虚拟与现实交互，虚拟空间正在增强现实，甚至在数字孪生技术的作用下，元宇宙为人类创造了一个与真实世界极为接近的镜像世界，成为人类的"第二生存空间"。

回到教育领域上来，从技术角度来看，元宇宙为人们创造了镜像学习空间。

元宇宙中构建的人类生存空间，既赋能现实，又超越虚拟。一方面，数字孪生技术的作用，使得元宇宙中构建的环境，通过对现实物理学习环境进行三维全景采集，然后再根据需要融入元宇宙环境中，作为人们交互和活动的环境背景，实现真实再造。

举个简单的例子。我们可以借助数字孪生技术，打造逼真的教学环境，如四川神农架林区等，让学生能够更好地欣赏雾凇长廊，更深刻地体验自然之美。学生足不出户，就能去世界上最危险也最美丽的地方，比如攀登珠穆朗玛峰、进入炙热无比的撒哈拉沙漠、去终年冰雪覆盖的南极、去广阔无垠的外太空等。只要是想去的地方，借助先进数字孪生技术，可以 1:1 成功复制任何真实世界的事物，满足教学需求，甚至学生进入的虚拟世界比真实世界还要真实。

另一方面，可穿戴设备能够帮助学生增强在元宇宙环境中的感知体验，实现沉浸式学习，使得学习变得更加智能化和灵活化。同时，可以将学习情景进行预设，动态建模，生成理想的学习场域。这样，在借助 VR

技术满足学习者认知需求的基础上，塑造甚至创造学习对象，实现对学习对象的认知与体察，从而达到掌握学习知识的目的。

比如，学生只要戴上 VR 设备，就可以进入创造的虚拟学习环境当中。学生上生物课也不再需要夺走动物生命进行活体解剖；历史课上，学生可以借助 VR 设备亲身加入当时的历史事件中，见证整个历史事件，了解历史的来龙去脉，感受当时事件中人物的喜悦与悲伤。

尤其是一些操作难度系数高、实验设备昂贵的课程，元宇宙教育的落地显得格外重要。比如物理、化学、生物等实验性、演示性较强的学科，在元宇宙中可以通过构建拟真教学环境，实现虚拟授课、虚拟考试等教育教学新方法，给这些学科带来更大的想象空间。

在元宇宙教学过程中，学生们可以在虚拟世界中模拟绝大多数物理实验和化学实验。这样，原先的纸质教材、化学仪器等就升级为 3D 图片、动画、音频等形式，有效节约教学资源的同时，让学生安全地感受物理世界与化学世界的奥妙。

在元宇宙中学习的人，仿佛进入身临其境的学习空间，在这里可以进行自由、广泛、富有成效的学习。

教学方式的个性化、动态化变革

传统教学模式通常是教师和学生被限制在室内进行知识传输,这样单一、静态化的教学模式从古传承至今,僵化呆板。这种教学模式以及教学方法急需进行突破性变革,才能提升学生学习兴趣和学习效率。而元宇宙时代的全新教学模式彻底改变了现有的教学模式,呈现出教学方式个性化、动态化特点。

1. 教学方式个性化

每个学生其实都有明显的个体化特征。元宇宙中,人人都可以成为内容的创作者,教师可以根据课堂需求,对课堂设计进行定制。教师随时随地为学生量身定制个性化教学模式、打造个性化学习空间,并根据学生的心理特点、思维习惯提供有针对性的教学方案,真正实现因材施教。学生也不必受限于单一的实体院校,而是走进资源无限的元宇宙教育平台,借助区块链技术形成唯一的身份认证,让学生可以同步元宇宙教学内容,映射到现实教学活动当中。

比如,在元宇宙时代,老师不再使用粉笔在黑板上写板书,也不必借助一块屏幕来辅助授课,而是根据课程特点,在元宇宙中自由构建相应的教室。学生也不必拘泥于单一的教学课堂,只要轻轻点击一下,就可以凭借自己的数字身份进入元宇宙课堂,让学生了解宇宙大爆炸后地球形成的过程,甚至可以穿越千年,了解最初的造纸术、指南针诞生的过程。

此外,学生还可以根据自己的学习能力与兴趣,自主决定每门课程的学习进度，以便更好地做出学习时间规划。这也是教学个性化的一种体现。

2. 教学动态化

元宇宙时代，人工智能技术的推动，使得资源发展呈现出动态化特点。

首先，在元宇宙中，人人都可以是内容的生产者，元宇宙中的教育资源规模则在动态变化中不断增加。

其次，伴随着教师与学生之间的教学互动，教育资源则实时动态推送。

最后，区块链的认证技术可以对学生平时的作业、考试等评分上链，以便对其学习效果进行动态评价，并以动态教学方式和方法优化学生的学习和行为。

总之，教育教学方式变革是大势所趋，具有一定的必然性。当教育遇上元宇宙，教师与学生之间可以进行更加深入、便捷的互动，实现更加充分的教学相长，改善下游教育资源的不均衡问题。

满足学生心理需求，弥补教育情感体验的缺失

大多数传统教育，其教学方式是照本宣科。教师负责知识向外传输，他们的任务就是把知识系统地传授给学生；学生只能按照教师的方法接受知识。这样的教学方式枯燥、乏味，容易导致学生厌学。

学生是有情感的生命体，而不是一个机械式的知识接受物。他们对于知识的学习，内心中也是有一定需求的。教师忽视学生感受的机械式教学，让教师难以走进学生的内心，了解他们的所思所想，这些都会影响学生学习效率和学习能力的提升，以及情感、态度、价值观的培养。

元宇宙教育能满足学生的整体性心理体验需求，为学生身心创造出全新的安全感，使其获得不一样的感受，主要体现在以下方面。

1. 场所感

元宇宙中，相关技术可以打造能够让学生产生身份认同、功能依赖和情感依恋的学习场所感受。在这里，学生感觉自己是教学过程中的主角，能以一个全新的身份而存在，不存在别人眼中的"差等生"；他们能够选择自己感兴趣的内容来学习，能自由控制学习节奏，对于较薄弱的课程，可以选择更长时间、更细致的学习；在这里，教师甚至可以化身为数字学生身份，成为学生的朋友，正确引导学生的人生观、价值观等。

2. 临场感

元宇宙时代，教育领域可以创造良好的教学环境，也可以开发虚拟教师，从而提升陪伴式教学质量，促进学生的情感表达，有效弥补了在线学习互动的情感缺失。高度仿真的人机互动式学习、陪伴式学习，成为教育

变革的一个重要方向。

元宇宙的核心就是打造沉浸、统一、持久和共享的领域。这对于教育领域来讲，显然是一个实现变革的大好机会。

寓教于乐，实现教学方式游戏化，促进教学热情

游戏与元宇宙之间有着密不可分的关系。游戏与元宇宙有着诸多相似的特点，比如虚拟身份、虚拟经济系统、强社交、沉浸式体验等，因此游戏是元宇宙应用场景的第一入口。

游戏化设置很可能会被引入到学习当中，实现教学方式游戏化，这也是元宇宙时代教育领域应用的一个重要特点。VR/AR 设备、人工智能、脑机接口等技术，可以帮助教师和学生进入一个以沉浸式边游戏互动，边教授学习的环境当中，将知识与娱乐融为一体，学生在娱乐中学习，实现了真正意义上的寓教于乐的学习方式。

在元宇宙中，这种寓教于乐的游戏化教学方式呈现出四个特征。

1. 即时反馈

教育领域的发展进入元宇宙时代后，游戏化教学方式的一个重要特点就是强大的即时反馈机制。学生在开展游戏化学习的过程中，能获得即时准确的反馈，从而明确自己在哪方面的知识掌握有所欠缺，进而重点强化，以提高学习能效性。

2. 沉浸式体验

在 VR/AR 设备、人工智能、数字孪生等技术的支持下，构建的高仿真虚拟游戏世界可以给学生带来甚至比真实世界更加逼真的沉浸式体验，学生可以在这里有效提升学习专注度。

3. 强交互性

游戏的核心在于交互。在实现教学的寓教于乐的过程中，学生可以学习游戏中的情景元素进行人机交互，也可以与教师、同学之间交互。这些教学过程中的交互，更加贴近现实学习情景，并实现了交互多样化、交互多元化和交互高频化。

4. 自主创造性

游戏玩家在元宇宙领域可以进行自主创作，同样，在基于元宇宙的游戏化教学过程中，学生也可以根据自己的需要，进行角色、场景的构建，创造性地采用多种方式、多种途径，伴随着游戏任务的完成，完成学习任务，并在不破坏游戏框架和学习目标的前提下，享有更多创造游戏角色，更改游戏发展主线，更改学习目标和任务的特权。

总而言之，将教学方式游戏化后，可以全面调动学生的眼、鼻、耳、口等各项感觉器官，通过语音、动作、手势等不同方式达成学习目标。学生在感受近乎与现实世界交互的同时，更能从教育元宇宙中感受到学习游戏化所带来的愉悦感和收获感。

从另一个角度来看，无论对学生还是教师来讲，每门教学内容都可能实现游戏化。教师每教授一门课程，学生每学习一门课程，都像游戏打怪升级一样，当遇到各种问题和挑战时，就会想办法即时学习和掌握。这样的学习方式更有利于促进教师和学生的教学热情。

【案例】莫尔豪斯学院：开设 VR 校园，开设 VR 课程

元宇宙赋能教育行业，使得更多的教育机构开始将目光聚焦在元宇宙上，也不惜花费巨资投资这一领域。

知名学府莫尔豪斯学院，在 2021 年 3 月，在获得高通的巨额赞助之后，正式宣布进入元宇宙领域，进一步开展应用与探索。

莫尔豪斯学院在接轨元宇宙的过程中首先迈出了两大步：开设 VR 校园与开设 VR 课程。

1. 开设了 VR 校园

与真实校园不同的是，学生能够借助 VR 设备进入 VR 校园，并能通过 VR 校园提供的实用程序，从 VR 校园的数字互动体验中学习新知识、新技能。

2. 开设了 VR 课程

莫尔豪斯学院开设的 VR 课程，可以用于视频会议开展虚拟教学活动，给学生带来身临其境的沉浸式体验。

在教育领域，元宇宙通过场景赋能，提升教学过程中的互动性与沉浸感，同时也为创新性教育提供了更加富有现实感的试错平台。莫尔豪斯学院开设的 VR 校园与 VR 课程尤其对于物理、化学、生物等学科课程的学习十分友好，降低了试错资源的损耗，也降低了试错成本。在这一点上，我们充分看到了莫尔豪斯学院在元宇宙领域方面的优势。

【案例】中国传媒大学：开创首个元宇宙大学

中国传媒大学是我国"双一流"建设高校，国家"211工程"重点建设高校、国家"985工程优势学科创新平台"建设高校……一言之，中国传媒大学在我国众多学府中，有着极高的地位。

在各领域都在谈论元宇宙、向元宇宙领域探索和进行应用性开发时，中国传媒大学不失时机地抓住了这个机遇，不断创新，提升自我。

虚拟中国传媒大学校园，是中国传媒大学历时三个月，结合数字建模、交互设计、技术开发等多个跨学科内容，借助街景地图、三维重建、数字孪生技术打造的我国首个开放的元宇宙平台虚拟大学。整个虚拟校园其实是对真实校园建筑物、公共设施等按照1∶1复刻的，精准实现了数字孪生校园的搭建。除此以外，在构建这个虚拟校园的过程中，技术人员还借助数字媒体艺术的叙事性与交互性，在虚拟校园中设置了校园特色文化、校园情感记忆等，力求让虚拟校园达到比真实校园更加逼真的效果。

整个虚拟校园的创建初衷就是：打造一个有温度、有生命力的校园，力图营造一个具有真实温度感的虚拟大学。体验者可以以虚拟化身份，借助VR设备、移动端等渠道进入虚拟校园，开启一场未来校园的漫游之旅。

该虚拟校园还将发挥自身优势，在元宇宙环境下，对在线教育、虚拟社交、数字虚拟人等方面做了进一步探索。

在中国传媒大学的这个虚拟校园建成后，恰逢动画与数字艺术学院迎来了一年一度的"Aniwow！中国（北京）国际大学生动画节"，虚拟校园作为该活动的分会场，充分发挥了其应有的作用和价值。这个分会场吸引了全球动画与数字艺术领域的从业者、爱好者。在活动中,中国传媒大学还在虚拟校园中的动画节颁奖礼上,利用虚拟制作技术打造了数字虚拟人,与真实主播共同进行网络视频直播。

中国传媒大学打造的首个元宇宙大学,堪称我国教育领域的一个伟大创举。相信未来中国传媒大学还将会在元宇宙领域有更多的探索和开发项目浮出水面,让我们翘首以待吧。

第十一章

游戏产业：增加创新性应用，打开行业想象空间

游戏是元宇宙领域最先成长起来的应用场景，因此游戏被普遍认为是元宇宙应用的最好切入口。游戏领域搭上元宇宙风口后，带来了更多的创新性应用，游戏产业也打开了更大的想象空间。

打破游戏社交壁垒，实现多元互动

因为游戏是元宇宙最好的切入口，所以有不少人误以为元宇宙就等同于游戏。其实不然，游戏只是元宇宙时代的一个应用层面。

元宇宙时代的游戏与当前的虚拟游戏存在很大的区别。前者打破了游戏社交壁垒，实现了多元互动；后者虽然在游戏角色之间也存在社交，但社交是围绕游戏内容进行的交流，缺乏互动性。真正意义上的社交，是指在一定心理活动下，几个人之间的相互往来以及精神上的交流，包括直接交往、间接交往、竞争、合作、聊天等。

元宇宙时代的游戏产业，一方面借助虚拟影像技术做到了真实场景的还原，依托于虚拟化的人物形象、游戏化场景，为玩家带来沉浸式体验。另一方面，玩家还可以以数字身份参与社交互动，在接近现实生活的场景中寻找志同道合的朋友，进行一场网上冲浪体验。

元宇宙游戏中玩家的身份系统也代表了一种全新的社会关系。与当前的虚拟游戏相比，元宇宙时代的游戏中用户之间的互动优势更加明显。元宇宙游戏利用AR、VR、XR等技术搭建一个全新的虚拟现实平台，在这里，玩家除了可以打怪升级、购买装备，玩家与玩家之间的社交不再只是简单的语音、文字、图片、视频交流，还可以一起购物、看演唱会等，不再受限于时间和空间。

综合来讲，元宇宙时代的游戏领域，就是虚拟现实交互游戏。玩家在游戏中可以进入一个全新的虚拟世界，打破了当前虚拟游戏只能线上社交的壁垒，将线上社交与线下社交的优点相结合，实现了游戏用户互动多元化。

玩家掌握游戏主导权，自由策划去中心化虚拟游戏世界

传统虚拟游戏的出现，在游戏领域形成了一种新的娱乐形式。但传统虚拟游戏表现出很多弊端，无法满足广大玩家的需求，甚至与玩家需求相悖。

元宇宙游戏则与传统虚拟游戏有完全不同的表现，重构了玩家的地位，实现了去中心化，主要体现在以下几点。

1. 游戏数据资产透明化

传统虚拟游戏中，开发商全权负责游戏策划，如游戏角色的攻击力量、攻击速度、暴击率等都是开发商预先设置好的，游戏玩家只能单方被动接受各种属性或数值。虽然一款体验良好的游戏必须通过数字策划来设定，但传统虚拟游戏中的这些数值设置完全掌握在游戏开发商手中，而且游戏相关数据都存储在中心化服务器当中。玩家不但无权参与设计，也无法了解其游戏数据背后的核心算法。这样，如果游戏厂商改变游戏规则，或者游戏停止运营时，玩家只能被动接受新的游戏规则和利益损失。

元宇宙游戏在区块链技术的作用下，可以被写在智能合约中，并且可以放在区块链上运行。这就使得游戏变得透明化、不可篡改，使得游戏变得公平可信。一改以往传统虚拟游戏的数值不透明、暗箱操作等问题，玩家不再处于被动接受的不平等地位，而是拥有了与开发者对等的权益。

2. 玩家获得主动选择权

表面上看，传统虚拟游戏中可以有多个角色供玩家选择，也赋予了

玩家更多个性人格，如可以随意换发型、换服装、换装备，但从根本上来讲，玩家可供选择的这些身份都是由游戏开发商预先设定好的，玩家只能在设定范围内进行选择。

元宇宙游戏中的角色身份是完全虚拟的，这个虚拟的数字身份并不是将现实世界的游戏玩家包装成另外一个自己，而是根据玩家自己的喜好和需求自由选择自己的数字身份。人们可以给自己的数字虚拟形象设置个人信息参数、购买任意喜欢的服装等。可能在某个元宇宙游戏中，你的身份是一位英勇神武的大将军；在另一个元宇宙游戏里，自己还可能是一只温顺的小猫；在第三个元宇宙游戏中，自己还可能是一个外星人。一切全凭自己的喜好和意愿，可以在不同的元宇宙游戏中以更加完美的一面去展现自己。

3. 激发玩家自主贡献内容

传统虚拟游戏的游戏内容由游戏开发商来创造和设定，玩家只能照着游戏内容一步步升级。

而在元宇宙游戏中，玩家可以参与到游戏内容开发中来，可以编辑创造游戏攻略、游戏道具、装备、人物等内容，甚至在关键时刻，玩家直接策划游戏走向和最终结局。这些内容都属于 UGC 内容，玩家完全可以按照自己的构思去构建游戏的相关内容。

由此可见，进入元宇宙时代，游戏领域主导权不再以游戏开发商为中心，而是实现了去中心化，每个玩家都能进行游戏的自主创造。玩家"自己的游戏，自己做主"，使得每一个玩家都能在游戏中获得强烈的存在感。这也是长久以来广大游戏玩家的心声。

玩家在虚拟现实世界可进行虚拟商品交易

传统虚拟游戏中,玩家虽然可以用人民币充值购买相应的道具,如装备、皮肤、坐骑等,但这些虚拟资产并不属于玩家所有。因此,玩家手中的虚拟资产只可以单向流动,最终导致游戏本身的内在价值存在一定的封闭性,无法实现价值流通,玩家利益也难以得到保障。

网易作为国内第一家自己运营场外交易市场的游戏厂商,为了保障玩家权益,推出了游戏虚拟商品线下交易平台——"藏宝阁"。这意味着网易支持虚拟商品向现实资产转化的合法性。所以,网易的这一举措,当年被广大玩家视作游戏领域的一个伟大创举。

虽然网易的"藏宝阁"可以进行虚拟资产交易,却需要向卖方收取5%的手续费,而买方则必须向网易宝充值。买方购买后,平台会有一个为期三天的视察期,在确保交易完成后,才会将扣除手续费之后的货款转入卖方的网易宝账户当中。如果玩家想要从网易宝账户提现,也会有诸多限制,导致资产交易并不能达到理想的顺畅的效果。

元宇宙游戏中,每一个虚拟资产都是独一无二的,并通过加密方式存储在玩家的虚拟账户当中,买卖双方进行交易,完美地解决了交易信任问题,无须像网易宝那样的第三方交易平台作保障,在区块链技术的作用下,就可以实现卖家与买家之间的虚拟资产交易,而且还能有效保证双方资产的安全性,任何一笔数字交易都可以在区块链上查到。从这一点来看,区块链对元宇宙游戏中玩家在虚拟现实世界顺利、安全、高效地完成虚拟商品交易提供了重要保障。

【案例】Roblox：多维度布局元宇宙生态迎全新发展

元宇宙的发展虽然还处于初级阶段，但随着技术的不断进步、人类意识形态的不断更新，元宇宙必将迎来高光时刻。元宇宙与游戏的融合一改传统游戏的规则，给游戏者带来前所未有的美好体验，这也吸引了众多游戏开发商加大对元宇宙的投入。

Roblox是由罗布乐思公司开发的一款免费的多人在线游戏平台，里面的角色都是类似乐高的模型。Roblox与传统游戏的不同之处有以下几点。

1. 玩家自由创作游戏相关内容

Roblox并不只是一个游戏软件，自己并不从事游戏制作业务，而是为玩家提供编辑工具和平台，玩家可以自由发挥，设计并创作自己的游戏、物品、T恤等，可以在游戏中自己设计和创建不同的游戏类型，可以通过游戏与自己的朋友聊天、互动等。

Roblox可以说是一款沉浸式3D游戏，其上的用户既是玩家，可以参与到别人开发的游戏当中；又是游戏的创作者，自己开发的游戏也可供他人去玩。你可以和朋友在Roblox平台上的不同地方参加时装秀，或者在龙卷风中求生，也可以把自己变成一只鸟，靠捉虫生存。总之，在Roblox上，人们可以在建立的3D虚拟社区环境中尽情玩耍。

2. 活动内容多元化

罗布乐思公司还在Roblox强社交属性的基础上，加入了诸多新产品内容，如查看附近玩家、线上会议、虚拟音乐会等。

2020年，由于疫情的影响，知名流行歌手Ava Max在Roblox上举行了一场虚拟演唱会。想要参与到这场虚拟演唱会当中，用户只需进入Roblox上Ava Max发布的派对即可，新用户可以免费创建一个Roblox账户，并提前进入演唱会现场。

3. 打造平台经济闭环

玩家想要进入并参与到游戏中购买服装、道具，就需要花钱充值"Robux"虚拟货币（简称"R币"），平台会将一部分收入分给创作者，使创作者有持续生产有趣内容的动力。"Robux"还可以与真实货币进行转换。所以，Roblox也有属于自己的经济体系。

4. 利用社交平台搭建元宇宙

一个游戏能够持续存活下去，就需要游戏开发商与创作者为游戏平台提供源源不断的创新内容，与来平台玩游戏的玩家彼此之间建立起基于平台的社交关系。

Roblox平台上也开辟了模拟在披萨店打工、消费的场景，这些场景吸引了广大游戏爱好者花时间来平台娱乐，并且彼此之间建立基于Roblox平台的社交关系。

目前，有很多玩家和创作者在Roblox平台上模拟生活场景，建立起社交关系。Roblox平台上的数字虚拟人、场景、情感、资源等都被玩家广泛认可和接受时，就意味着这个基于虚拟现实的世界具有了真实世界一样的价值。从这一点来看，Roblox已经超越了单纯的游戏领域，利用游戏、社交的高度融合来搭建起了元宇宙。

总之，在Roblox平台上所有人都可以自由发挥自己的想象力和创造力，可以在其中娱乐、社交、创作和学习。因此，Roblox为广大玩家提供一个游戏平台，吸引玩家娱乐或通过创作赚钱，从而形成一个完整的系统。此外，在 Roblox 平台上每个玩家都有自己的数字身份，通过数字身份与其他玩家进行社交。Roblox 游戏还支持 VR 设备，以此增强用户的沉浸感。

【案例】The Sandbox：借区块链入局元宇宙

随着元宇宙热度的不断升高，区块链元宇宙龙头——The Sandbox 正在逐渐浮出水面。The Sandbox 是一个基于区块链技术而开发的虚拟游戏生态系统，该游戏通过借助区块链技术的力量，推进自身元宇宙布局。

The Sandbox 在推进元宇宙布局的过程中，做了以下几方面的工作。

1. 技术层面：实现多玩家模式

The Sandbox 平台上，玩家可以通过手机和平板等设备进入游戏平台，实现多玩家模式。The Sandbox 还具有门槛低的优势，即便不懂编程的玩家也可以通过平台提供的模块轻松创建属于自己的"小型元宇宙"。

2. 内容层面：玩家自由创建内容

与 Roblox 相同，The Sandbox 平台上的玩家，同样可以借助免费内容编辑工具自由创建内容。

3. 运营层面：推出数字资产

玩家可以在游戏中创建数字资产。重要的是，这些被打造出来的数字资产可以上传到平台商店，通过销售的方式获取一定的收益。所以，The Sandbox 属于典型的"边玩边赚钱"模式。

值得一提的是，The Sandbox 还推出了虚拟土地。在 The Sandbox 平台上，虚拟土地成为最受欢迎的数字资产。虚拟土地同样可以买卖，在购买了虚拟土地资产之后，买家就在 The Sandbox 游戏中对虚拟土地资产拥有了所有权，并且可以在虚拟土地上自行建设和运行。当然，计时玩家在自己的土地上无法通过运营游戏赚钱，但可以将虚拟土地转让或租赁给他人，从中赚取收入。The Sandbox 平台上的虚拟土地就好比现实世界的生产资料，随着未来平台用户规模的不断扩大，土地不但能升值，还能产生越来越多的收入。

目前，The Sandbox 平台中的虚拟土地价值已经呈现大幅上涨趋势，单块土地的价格涨幅已经超过 5 倍。

此外，基于区块链技术的应用，玩家还可以对游戏中购买数字资产进行元宇宙资源确权。玩家在游戏中还拥有一定的自主权限，可以自主举办比赛和活动，甚至可以创建属于自己的游戏世界，形成一个多元化的元宇宙世界。

4. 经济层面：打造数字货币

在 The Sandbox 的游戏世界里，玩家可以通过做任务的方式赚取数字货币 SAND 币，用于购买数字资产。

5. 合作层面：多维度合作

The Sandbox 已经推出诸多合作项目，如"边玩边赚钱"合作项目、与影视领域构建合作项目等。

（1）"边玩边赚钱"合作项目

目前，The Sandbox 已经与 50 多个合作伙伴携手共建由玩家创作和拥有的"边玩边赚钱"创意游戏平台，如 ATARI、Shaun the Sheep 等。

（2）与影视领域构建合作项目

2021 年 7 月，The Sandbox 与影视剧《行尸走肉》联手合作，为 The Sandbox 玩家带来更具创新性的游戏体验。玩家可以借助游戏制作工具，制作有关"行尸走肉"的原创游戏，或体验他人制作的"行尸走肉"主题游戏。

（3）与投资人合作推出元宇宙孵化器项目

2022年1月，The Sandbox 与风险投资公司 Brinc 合作，推出了一个元宇宙孵化器项目，创建了一个开放的、可操作的元宇宙。该项目中的土地可以作为数字资产出售。

（4）与同行合作开发"疯狂兔子"元宇宙版本游戏项目

2022年2月，The Sandbox 与游戏平台育碧联手，开发"疯狂兔子"的元宇宙版本游戏。在合作过程中，将"疯狂兔子"带入 The Sandbox 社区，并将育碧的游戏 IP 元素融入 The Sandbox 当中，为"疯狂兔子"注入更多的角色互动体验。

（5）与零售业品牌合作

2022年2月，The Sandbox 与某零售品牌公司合作，将虚拟地块售卖给该公司。该公司利用买来的虚拟土地进行运营，推出品牌主题的复古包，以及虚拟穿戴物品等，供 The Sandbox 的玩家在游戏中购买和穿着。

作为一个区块链技术驱动的虚拟游戏平台，The Sandbox 基于区块链技术建立了一个去中心化的虚拟世界。而且 The Sandbox 在游戏角色、内容创建以及数字货币的铸造、赚取等方面所做的一切努力，无不证明 The Sandbox 是游戏领域借助区块链技术入局元宇宙的典范。

第十二章

影视产业：元宇宙带来生产方式与商业模式的新变革

时下大热的元宇宙，俨然成为各行业最想探索的新领域，影视产业也抢抓数字化时代发展新机遇，以求行业谋变，迎来生产方式和商业模式的新变革。

数字虚拟制作吸睛又吸金

近几年,很多影视作品里会添加计算机图形学(Computer Graphics, CG)特效,使得影视画面看上去更加逼真。

CG 特效是电影特效的一种,是用计算机制造出来的假象和幻觉。当传统的特效手段不能满足影片制作需求时,就需要借助 CG 特效来实现,比如科幻片中的高楼崩塌、灾难片中的洪水海啸等。但 CG 特效也存在一些痛点,例如,如何处理大数据算力、如何应对大规模生产等。

通常,一个视觉场景的构建需要占据很大内存容量,因此需要足够高的算力来支撑。CG 特效在这方面还存在一定的缺陷。这样也就难以应对影视场景和画面的大规模生产的问题。

元宇宙世界里,基于数字孪生技术,可以在虚拟场景里将真实世界加以仿真,在虚拟世界里进行模拟或演练,并将理想的结果反馈给虚拟世界。同时,元宇宙平台可以同时容纳上千人做同一个项目,每个人各司其职,在强大算力的支持下,进行数字虚拟制作,使得整体制作体量有了极大的提升。此外,数字孪生技术的应用使得影视作品的仿真度越来越高,用户能够获得的沉浸感和参与度也会因此变得更高、更强。

目前,不少传统影视玩家已经开始在元宇宙领域加码布局。

2022 年 1 月,华策影视进行了一次组织架构的调整与升级,专门成立了元宇宙新业务部门,以此抢占数字化时代发展机遇。

2022 年 2 月,动画影视作品《完美世界》的制作公司,也开始正式推行元宇宙的相关工作,并研发多款符合元宇宙形态的产品。

现在,在影视作品中采用数字虚拟制作技术打造令人惊艳的影视画面还处于初级阶段,用户对虚拟人的认知也处于初步阶段。随着更多虚拟人物触及更多的影视作品,未来数字虚拟制作必将成为强有力的吸金利器。

推动影视行业整体进入新业态

从影视发展的历史长河来看,其发生的每一次变革都与科技息息相关。元宇宙作为几大关键前沿技术的结合体,对影视行业的影响也必将是深远的,能够推动影视行业整体进入新业态、新阶段。

1. 加强行业升级

前几年,电影行政管理部门出台了一个新文件——《电影数字化发展纲要》,其中明确指出我国电影数字化发展的指导思想、总体目标和基本措施,为推进我国影视行业数字化起到了重要作用。

当前虽然影视行业已经实现了数字化,但行业依然在云计算、人工智能领域存在一定的短板。

元宇宙的基础技术中,包含了云计算、人工智能,恰好解决了影视行业线下面临的问题。有了相应的技术加持,影视行业向着更高层次升级不再是难事。

2. 推动整体创新

如今,我国影视行业的发展已经取得了显著进步,但行业的整体科技创新水平依然有待提升。国家支持与投入,相关法律法规建设与完善,税收优惠,等等,加之内容创新、渠道创新,都将为我国的元宇宙时代影视行业的创新发展带来质的飞跃。

(1)为用户提供沉浸式互动体验

随着科技的不断发展,人们对于虚拟世界的沉浸感需求越来越强烈,更希望获得与众不同的感官体验。像《异次元骇客》《头号玩家》《黑客帝国》等科幻类影视作品，通过虚幻的内容满足了人们置身于虚幻世界的想象，受到很多观众，尤其是年轻人群的青睐。

元宇宙不仅实现了虚拟世界的拟真在线，也通过现实世界与虚拟世界的融合构建了一个数字疆域，使置身其中的人能够更好地参与互动。这是影视行业前所未有的创新。

（2）数字内容制作与分发

影视作品本身就是将内容移动化的一种呈现形式。影视画面是内容的载体。以往，观众与影视内容之间的关系是单一的、被动的，在元宇宙时代，一切资产都实现了数字化，影视作品内容也不例外，其制作和分发都被数字化。另外，在元宇宙时代，人人都可以成为内容创作者，这就为影视行业内容的生产和创作，带来了更多可能性。

（3）商品数字化

元宇宙将海量内容、用户接入，这使得影视作品不断丰富的同时，也保证了影视作品的高品质。

互联网经济时代，内容的生产分为两类：一类是PGC（专业生产内容），实现了内容头部化；另一类是UGC（用户生产内容），实现了内容多元化。

影视行业要想长期发展，就必须持续制作精良的内容，吸引更多的用户。与此同时，我们还需要做好知识产权保护。

在元宇宙时代，用户可以通过搜索找到想要的影视作品，但那些具有稀缺性和独特性的内容并不会向大众免费开放，只有通过所有权交易才能获得专享权益。比如一些优质电影作品、影视剧本、制作花絮等，都可以借区块链技术转换为NFT数字化作品，被用户收藏和交易。由此，影视作品就被赋予了独特价值。

3. 推动用户积极创作和传播

元宇宙是一个内容生产平台，同时也是一个工具平台。在VR/AR、人工智能、云计算、区块链、虚幻引擎、数字孪生等技术支撑下，在元宇宙平台上进行影视作品创作，具有门槛低、难度低的特点，能够吸引用户积极主动地参与到影视作品创作中来。之后，再通过发布、交流等方式，将影视作品传播出去。

未来，在 VR/AR 技术的使用下，影视行业会乘着元宇宙之风，实现与元宇宙的对接，通过资产数字化以及元宇宙流量变现，支撑实体影视行业的经济发展。

【案例】《失控玩家》：虚实结合，42小时票房破亿元

2021年8月科幻电影《失控玩家》上映，其内容就与元宇宙世界十分贴合。看过了《失控玩家》的人，就能对元宇宙有更好的理解。

《失控玩家》这部影片讲述了一个名叫"盖"的银行职员在电子游戏中走上游戏巅峰的故事。主人公"盖"每天重复地过着相同的生活，清早起来与鱼缸里的鱼打招呼，穿一件蓝色衬衫出门买咖啡，然后身边充斥着各种暴力行为，但他却并不觉得奇怪。感觉这一切对于他来说再正常不过。到了银行，他和同事聊天，有人来抢劫银行，他们非常熟练地做出卧倒姿势。当抢劫完毕后，他们若无其事地继续做起了自己的事情……

直到他发现自己是游戏里的NPC（非玩家角色），然后自此觉醒的"盖"开启了逆袭升级模式，一步步走上了人生巅峰。这部影片上映42小时后，票房就突破一亿元。

从直观层面上看，我们很容易看明白影片的故事脉络。但这部影视作品最大的特点是：在故事情节中有很多虚拟世界的要素出现，主人公只要戴上特制眼镜，就可以在一个完全虚拟的游戏世界中获得真实世界一样的体验。显然，这部影片与目前火爆的元宇宙有着异曲同工之妙，模糊了虚拟世界与现实世界的距离感和差距感，让观众完全沉浸在电影的虚拟世界当中，并随着剧情的变化，在主人公的引导下，在现实世界和虚拟世界中自由切换，这部影片可以说是现阶段人类想象中的元宇宙的展现。

当然，这部影片也给观众留下了很大的想象空间，使得观众对未来元宇宙的了解和探索增添了更多的兴趣。同时也说明，影视行业在元宇宙时代的发展未来可期。

【案例】《刺杀小说家》：借虚拟特效开启元宇宙时代

2021年春节期间，国内影视公司华策影视借助动态数字虚拟化的拍摄技术打造了影视作品《刺杀小说家》。

《刺杀小说家》讲述的是异界皇都被一个名叫"赤发鬼"的天神残暴统治着。少年"路空文"因为被"赤发鬼"追杀，决定奋起反击。在黑甲士的指引下，"路空文"踏上了弑神之路。这其实是小说家"路空文"笔下的奇幻世界，但在不知不觉中，小说的进程已经影响了现实世界。此时，一名名叫"关宁"的男子在寻找六年前失踪的女儿时，接下了"路空文"的刺杀任务。自此，"关宁"在现实世界和异世界中不断穿梭，最终完成了刺杀任务，但关宁的命运也因此被悄悄地影响着、改变着。

作为全球极少数入选的"IMAX特质拍摄"影视作品，《刺杀小说家》中有将近2000个特效镜头，都是采用面部捕捉和虚拟拍摄技术完成的，构建了一个独特的小说异世界。这部影视作品通过VR/AR技术开展新的场景应用，给观众带来更好的观影体验。其中"赤发鬼""黑甲武士""红甲武士"这三个异世界的数字人角色的表现形式与现在流行的元宇宙虚拟人十分相似。

以"黑甲武士"为例，虽然只有一只眼睛，但它的眼睛特写，从眼球到眼珠、从瞳孔到眼睛周围的血管，都十分逼真，给观众带来了很多意外和惊喜，令观众大饱眼福。

再比如"赤发鬼"面部产生的一系列微妙变化，如肌肉、毛孔、皮肤褶皱、表皮纹理、眼睛等，都做到了接近逼真的级别。

可以说，《刺杀小说家》填补了当下国内影视作品数字虚拟制作的空白，为我国的影视产业树立了新标杆。这部影视作品上映之后，吸引了广大年轻观众的眼球，20~24岁的年轻观众占比超过35%。

《刺杀小说家》虽然距离真正的元宇宙还有一段路要走，但从其制作水准来看，这部作品已经借助数字角色布局元宇宙赛道，这也意味着《刺杀小说家》已经向元宇宙时代迈出了非常重要的一步。

第十三章

房地产业：元宇宙为房地产带来新模式

近期，全球各大巨头掀起了一股布局元宇宙浪潮，除了科技巨头在元宇宙中构建虚拟房产和地产之外，房地产领域也积极拥抱元宇宙，而元宇宙也为房地产领域的发展带来了新的转型模式。

VR 虚拟看房，成为最直接营销手段

以往，我们想要租一套房子或买一套房子，首先会在网络上搜寻合适的房源。除了对房源基本文字信息描述进行判断之外，还会从房源图片信息中分析房源是否符合我们租或买的需求。

经过千挑万选，我们筛选出几套看上去不错的房源后，接下来就要进入看房阶段。

房地产企业提供的看房服务，通常有三种：

第一种：社交软件图片分享式看房。

第二种：线上视频电话式看房。

第三种：实地考察式看房。

前两种看房方式都属于线上看房。第一种看房方式，仅通过几张图片来判断房源是否值得租赁或购买，不切实际。因为可能会存在图片造假的情况；第二种看房方式，虽然较第一种方式的真实性有所提升，但如果故意挑选整洁、干净的区域，而掩盖那些脏乱的区域进行视频看房，依然存在盲区。第三种实地考察方式，对于有时间的人来说，自然能看到房源的真实全貌，但对于那些整日忙于工作的人，是没时间去实地看房的。

那么有什么好的解决方案吗？答案就是 VR 虚拟看房。

随着元宇宙概念在全球大火，每个领域都有机会在一定程度上实现元宇宙，只是不同领域的切入点有所不同。房地产行业，虽然目前暂时没有找到彻底打破现实与虚拟交互的方法，但当下依然可以结合元宇宙虚实结合的理念，加大线上数字化建设，借助当下先进的技术手段，打造一个高度数字化的仿真世界；通过 VR 虚拟现实技术，为客户提供更加真实的沉浸式看房体验。

VR 虚拟看房，就是借助 VR 设备，足不出户，就可以在与真实房源 1∶1 的虚拟空间中进行全方位看房。在 VR 虚拟空间中，客户戴上 VR 头显设备就可以随意切换房间场景，以满足看房者对新家的各种探查。每一套房源的客厅、厨房、卧室都更加生动地展现在看房者眼前，实现了真正的"有图有真相"，包括房间里的每一个细节，看房者身临其境地预见未来家中的一切情况，从地砖到顶灯，从户型设计到功能分区，都可以尽收眼底，给看房者带来完美的视觉体验。

目前，免费的房产中介管理软件"易房大师"，通过相应的技术手段，生成空间模型，实现房源数字化采集重建，从而打造出移步异景的场景化 VR 看房新体验。

"易房大师"借助 3D 深度全景相机扫描拍摄完房源的空间场景后，将拍摄图片和扫描结果上传到全景后台系统，然后再借助云计算等数据算法工具，在后台管理服务器与信息编辑工具的相互配合下，高度还原一个真实可感知的房屋全貌，包括房型、尺寸、装修、家具等，全部包含其中，让租房者或买房者能够随时看到房源的真实全貌和细节构造。VR 看房设备还带有智能讲解功能，客户看到的任意空间或结构，该设备都可以为客户进行详细的讲解和介绍，使得房源信息更加透明化。通过指尖滑动，客户可以随意缩放和调整看房角度，足不出户就可以更加直观地了解房源的真实信息。

与传统看房模式相比，VR 虚拟看房有以下优势。

1. 更具趣味性

相比于传统看房模式，VR 虚拟看房集多种高新技术于一体，如三维仿真技术、数字孪生技术、人工智能等，营造出非常强烈的科技感，对于客户而言更具趣味性和吸引力。根据相关数据调查显示，VR 虚拟看房让用户停留时间延长了 2.8 倍。

2. 更具直观性
相比于传统的图片、视频电话看房模式，VR 虚拟看房更加直观。

3. 更具便捷性
VR 虚拟看房，只要戴上 VR 设备即可实现实时看房，省去了客户来回的路程奔波，使得看房更加便捷化。

4. 更具互动性
在进行房源内部展示时，从以往的单向信息传输，转变为人机互动，具有很强的互动性。

5. 更具沉浸感
对于已有房源来讲，VR 虚拟看房可以通过数字孪生技术，为客户提供更加逼真的沉浸式看房体验。对于那些正在启动的房地产项目，VR 虚拟看房可以让客户在项目还是一片空地时，就能沉浸地体验社区形态、周边配套以及户型风格。

6. 信息查寻更方便
如果客户想对某个区域或结构数据有更加细致的了解，轻触屏幕，便能获得相关查询内容，便于地理信息分析和量算。

基于这些优质的看房体验，房地产企业完全可以将其作为一种出租和销售的营销手段。

显然，在未来元宇宙时代，虚拟现实相结，必定还会为房地产领域带来更多新奇的营销手段，为客户带来便利的同时，也为房地产企业带来更多盈利。

虚拟房屋装修，想象空间巨大

虚拟房屋装修，也是地产家装领域进军元宇宙时代应用最多的一个方面。

当前，很多人买了房之后，对家装却感到十分头疼。因为，首先需要对房屋结构有全面的了解，然后需要对房屋大小进行测量，最后才能决定家装风格、家装产品的规格大小。稍有偏差，买小了还好，买大了房屋空间放不下，还增添了退货的麻烦。在一切确定之后，还需要跑遍好几个家具城，才能把一屋子家具添置齐全。

为了解决客户的这些痛点和难题，"全屋定制"被赋予了众多"黑科技"后应运而生。虚拟房屋装修成为一大亮点。

如果客户在租房或购买房屋之后，想要对房屋进行重新装修，"全屋定制"可以通过3D技术生成三维图像，将客户需要装修出来的样板间勾勒出来，并自动生成效果图，让客户借助VR头显设备进入虚拟空间，对重新装修的房屋构造进行预览，仿佛自己已经置身于未来的温馨小屋当中。如果客户不满意，还可以在虚拟空间实现家装产品款式、规格等的切换。当客户对虚拟房屋装修满意后，装修公司再进行全面施工，打造出客户想要的装修样式。甚至可以实现在线购买家装产品功能。这样，客户无需到实际样板间实地看房，就可以看到家装效果，并能一站式购买自己心仪的家装产品。

这种虚拟房屋装修模式，一来为客户节省了很多时间和精力，轻松解决家装难题；二来借助三维动态视景以及数字孪生技术，使得客户看到了十分逼真的虚拟世界，能够获得身临其境的观感体验，也给客户增添了不少房屋装修的乐趣。

国内著名品牌尚品宅配是一家家居企业，该家居企业受到了广大消费者的一致好评，并且成为诸多业界疯狂学习和模仿的榜样，其关键在于尚品宅配具有非常独到的商业模式，即，集云计算、VR技术、三维动态成图技术、个性化定制、免费设计等特点于一体的全新商业模式。首先，尚品宅配会专门派出设计师到客户家中进行实地勘查测量，并聆听客户的家居需求、风格爱好、使用习惯等，之后再考虑视觉、便利等各种因素，制定能够让客户非常满意的家具摆设方案。然后按照设计方案生成三维动态图形，将房屋和家具摆设映射在虚拟空间里，客户戴上VR头显设备，就可以身临其境地看到未来装修完成的样子。如果客户对任意一处表示不满，尚品宅配可以随时为客户更改方案，直到满意为止。

虚拟房屋装修实现了边装修边预览，实现了一站式搞定家装，是对家装行业的革命性提升。可以预见，在未来的元宇宙时代，虚拟房屋装修是居住产业的发展趋势，巨大的想象空间有待挖掘。

虚拟建筑设计，让建筑触手可及

传统建筑施工，往往需要建筑师先绘制建筑草图，再进行方案设计，最后通过线下方式向甲方汇报方案、交付方案之后，才能在新开发的场地正式进入施工阶段。

虚拟建筑设计，一改传统建筑设计方式，可以说是建筑领域入局元宇宙迈出的第一步。

建筑本就是元宇宙世界中的基本元素之一。在虚拟世界中，人们以数字身份在各个角落走动，而建筑则是人们活动的基本场所。元宇宙中的建筑，其设计与数字孪生及3D可视化技术相结合，从而实现了现实世界向虚拟世界的迁移。本质上看，虚拟建筑在建筑领域的应用，其实也是一种基于元宇宙的场景化应用方式。

与传统建筑设计方法相比，虚拟建筑设计的建筑师在整个建筑设计过程中，借助可穿戴VR设备，进入关联的VR应用软件当中，用虚拟现实相结合的方式创建建筑设计的虚拟环境。

在设计方面，建筑设计师在这个虚拟环境中利用虚拟现实技术绘制草图，打造建筑设计方案，然后借助VR头显设备体验式地向甲方汇报方案，交付方案。

在交互方面，虚拟建筑设计虽然在虚拟世界中进行，但更加注重沉浸感和氛围感，建筑师和甲方都可以以数字人的身份进入虚拟空间，大家坐下来针对设计方案进行热烈的讨论，进行沟通互动，然后根据用户需求进一步完善和优化设计方案。

在施工方面，虚拟建筑还可以在虚拟环境中施工，一键生成3D模型，以沉浸的方式进行施工模拟演练，帮助施工方了解施工过程。除此以外，虚拟建筑设计师还可以做运营维护模拟等，这也有助于减少施工和运维错误。

在体验方面，建筑师可以通过人体真实尺度体验和感知建筑空间，推敲建筑空间的比例、尺寸等的合理性。另外，施工方还可以借助VR头显设备，清晰明了地查看工程结构的每一个部件，也可以全方位掌握施工过程中的工艺方法，有助于实现虚拟与现实的穿越。

在整个建筑设计过程中，VR技术起到了很好的辅助作用，实现了建筑设计的可视化与动态化，加强了建筑设计的具象性与交互性。

总之，在虚拟建筑设计的加持下，一些复杂的工程建筑可以在数字模型的帮助下更加精准地完成设计和施工，从而有效提高生产效率，节约工程造价，缩短建设工期，同时也能实现项目的集约化管理，加强成本管理和安全管理。

站在元宇宙风口上，建筑行业的虚拟建筑设计应用犹如一场全方位感知的盛宴，推进了建筑行业的革新与发展，让建筑触手可及。

【案例】聚象科技：借助 VR 助力房地产企业提升竞争力

广西南宁聚象数字科技有限公司（以下简称"聚象科技"），是一家具有专业发展潜力的虚拟现实 VR 和增强现实 AR 的内容及服务提供商，针对不同需求，为房地产企业提供沙盘样板间、装修样板间等解决方案。聚象科技作为一家科技公司，可以说走在了元宇宙应用探索的前列。

聚象科技为房地产领域的发展创造了更大的空间，主要应用体现在以下几点。

1. 借助 VR 技术向客户呈现未来建好的完整楼盘

聚象科技与房地产企业合作，用户戴上 VR 头显设备就能十分直观地看到未来即将建好的完整楼盘，并能很好地感受到小区环境，小区的安保、物业、绿化情况等。整个小区的所有细节，客户都可以通过一台 VR 头显设备沉浸式地感知到。

2. 借助 VR 技术减少打造样板间成本

通常，在楼盘兴建之前，地产开发商都会做一些样板间模型，并打造出不同的格局、风格等。聚象科技与地产开发商合作，应用 VR 技术、数字孪生技术，直接让客户进入虚拟空间当中，更加直观地看到整个小区的房屋建造以及基础设施情况，为地产开发商有效节省了打造样板间的成本。

广西南宁祖龙置业有限公司（以下简称"祖龙置业"）是一家房地产公司。祖龙置业 ACMALL 项目开盘当天就吸引了数千人现场抢购，其成交量显著提升,比传统开盘成交量至少提升了10个百分点。这是因为祖龙置业与聚象科技合作,开发了VR看房和VR房地产户型展示软件。客户借助相应的VR设备就能看到地产项目全景和各个细节内容。

VR看房和VR房地产技术很好地满足了人们的猎奇心理。因此,这两大技术不但为祖龙置业节省了打造样板间的成本,也做了很好的宣传工作。

聚象科技在虚拟看房方面的实例应用表明其具有开发元宇宙技术的能力。对于房地产企业来讲,VR技术的应用可以有效提高资源整合能力,提高房地产企业的竞争力,同时也给客户带来了不一样的感知体验。聚象科技与房地产企业的结合,势必会增强相互间的技术层次,促进彼此协同发展。

【案例】贝壳找房：技术创新，重塑居住服务

贝壳找房是链家网升级的产物，是一家品质居住服务平台，致力于用技术改善消费者的居住服务体验。但贝壳找房的"野心"则在其创建之初就显现了出来。为了在发展中进一步提升市场竞争力，早在 2018 年创建之时，贝壳找房就上线了三大核心功能，包括 VR 看房、VR 讲房和 VR 带看，从而实现了平台的井喷式发展。

1.VR 看房

VR 看房是元宇宙的普遍应用场景。贝壳找房是平台打造的沉浸式看房模式。首先，贝壳找房有遍布全国的摄影团队，他们给房源进行专业的拍摄，然后将拍好的照片批量上传到服务器，然后借助 3D 技术等构建一个三维虚拟空间，所有上传的房源信息在这个三维虚拟空间里进行展示。用户登录贝壳看房 App，打开其上的"VR 房源"功能，用户可以在三维虚拟空间里看到整个房屋的三维户型图，轻触屏幕的任意区域就可以查看真实房源的相关数据信息，包括房屋空间尺寸、朝向等，还可以找到该房源周围的教育、医疗、商超、交通工具等配套信息。

有了 VR 看房，贝壳找房的精准客户会变得更加精准，而且房屋租赁、购买的成交效率也得到了大幅提升。

当前，贝壳找房的 VR 看房功能已经实现了近 3 万套房源的 VR 化。其中，新房覆盖率达到了 100%，二手房覆盖率达到了 53%。

2.VR 讲房

VR 讲房是在 VR 看房基础上提供的经纪人语音讲解服务。当客户点

击"VR讲房"功能后,就可以获得经纪人的语音讲房服务。通常,我们看房时,一进门看到的是整个屋子,然后是客厅、卧室、卫生间,最后关心的是周边环境。所以,这些语音都是经纪人提前根据客户看房时在房屋内走动的路线来录制的。然后对录音进行优化后上传到线上平台。用户可以通过这个VR讲房功能了解房子的整体信息,然后是客厅、卧室、卫生间以及周边摄视等的讲解信息。

3.VR 带看

VR带看是贝壳找房打造的一种全新的交互场景体验方式。用户登录贝壳找房App后,点击"VR带看"按钮,就可以进入虚拟场景中。当然,用户还可以自由选择看房时间,并与经纪人实施连线进行交互,很快就会获得经纪人的响应。在带看的过程中,用户可以与经纪人在虚拟空间中进行深入的交流和沟通。此外,用户还可以随时添加家人、朋友进入带看场景,同时享受带看服务。

这种VR带看服务,既节约了用户和经纪人的时间,也提升了带看效率,提升了成交量。

贝壳找房早早布局元宇宙,通过VR技术,给客户提供更加真实、沉浸的看房体验,吃到了第一波市场红利。可以说,贝壳找房借助技术创新重塑了居住服务,在迈向元宇宙时代的路上,已经实现了从0到1的突破。

第十四章

资本风口的元宇宙盛宴：全球科技巨头争抢元宇宙资本风口

元宇宙的商业应用战争已经拉开了序幕。目前，国内巨头百度、腾讯、网易、字节跳动等，国外巨头苹果、Facebook、英伟达、微软等，都已经以不同形式进入这场元宇宙血战当中，它们在抢占资本风口的同时，也在高调向世人展示其在元宇宙布局的魅力。

百度：进入元宇宙探索阶段

在元宇宙火爆之际，百度作为互联网顶级公司之一，已经亮出自己的兵刃，开始布局元宇宙，抢先争夺元宇宙市场。

2021年12月21日，百度正式宣布对希壤第六版本App进行内测。

希壤是什么呢？希壤就是一个跨越虚拟与现实、永久续存的多人互动空间。简单来说，希壤其实就是百度的一款元宇宙产品，这款产品借助百度大脑在视觉、语音、自然语言理解领域的领先能力以及百度智能云的强大算力打造而成。

之所以把这款元宇宙产品叫作"希壤"，就是因为"希壤"这个名字更像是一片全新的、荒芜的土壤，亟待人们去开发。

目前，希壤已经可以实现10万人同屏互动，并能达到如同万人演唱会一样的真实场景还原的效果。用户在希壤平台上，可以工作、娱乐，甚至在后续的版本迭代中，可以做更多的事情。对于这样一款元宇宙产品，用户凭借邀请码就可以走进希壤空间，提前进行元宇宙体验。

希壤的问世，也体现了百度入局元宇宙的坚定态度，同时也彰显了百度在元宇宙建设方面的能力。

当然，希壤只是百度在元宇宙领域的一个初级探索，所以希壤并没有达到理想的元宇宙状态，从整体上看，城市建筑物、人物、街道等3D场景逼真度较低，与现实世界的镜像还有一定的差距；用户沉浸式体验效果还有待进一步提升。

值得一提的是，希壤的落地虽然也以区块链技术为支撑，但它并不像其他元宇宙平台一样会引入虚拟货币，也不会做虚拟资产交易。但百度却非常重视用户的知识产权，百度更希望将希壤打造成一片"更具价值的地方"。

相信，随着百度对元宇宙更多的探索和创新，希壤会有更高版本出现，甚至会打造更加高阶的元宇宙平台，为广大用户带来更好的体验。

腾讯：围绕社交布局，构筑元宇宙"护城河"

在科技圈和资本圈大谈元宇宙之际，已经有不少先驱者开始着手布局元宇宙。腾讯就是这些先驱者中的一员。

腾讯在元宇宙领域的布局，其实是围绕自身特质——社交而进行的，以此构建属于自己的元宇宙"护城河"。

腾讯在元宇宙方面的布局，主要采取了以下举措。

1. 出资为构建元宇宙做铺垫

2020年，腾讯投资了Roblox，并与其在编码基础、游戏设计、创业技能等方面达成战略合作。

2021年上半年，腾讯为43家游戏公司投资。

2021年下半年，腾讯又对卓艺工坊（一家互联网消费互动媒体）、魂起网络（一家网络游戏公司）、威魔纪元（一家网络游戏开发公司）等公司进行投资。

腾讯在元宇宙方面的投资，还不止于此。在更早的时候，腾讯还做了以下布局：

腾讯投资另一家元宇宙游戏公司——Epic Games。该公司是一家专注于3D内容及VR/AR内容，开发虚幻引擎的开发商，也正是这项投资，使得腾讯在VR和AR领域占据了非常有利的地位。

腾讯在早期收购了致力于推动AR商业化进程的公司——Snap。该公司已经成功搭建了一个由AR眼镜+Snap手机应用场景+Snapchat社交平台组成的AR生态，可以为用户带来空间、手部定位追踪体验，帮助开发者和用户在真实世界中打造数字世界，并从AR体验获益。这一AR生态使人们可以在社交平台上进行社交、分享、娱乐以及快速消费。

2. 业务架构发生变化

2020 年 4 月，腾讯云推出了智慧城市底层平台，这预示着腾讯正式开始迈入全真互联网时代。所谓全真互联网，重点在于"全"与"真"。"全"即全面；"真"即真实。全真互联网就是让互联网更进一步融入和服务现实社会。这里的全真互联网其实就是元宇宙的雏形。

2021 年下半年，腾讯申请注册"魔方元宇宙""QQ 元宇宙""和平元宇宙""精英元宇宙"等商标。

3. 打造众多元宇宙专利

据腾讯公开数据显示，目前腾讯共有 24 000 余件元宇宙专利，在全球 126 个国家和地区中，公开发起发明专利申请的专利占 99.74%。这些数量庞大的专利，主要集中在区块链、人工智能、图像处理、虚拟场景等专业技术领域。

腾讯斥巨资投注、做业务架构倾斜、进行数目庞大的专利申请，这些举措，都充分表明腾讯向元宇宙发力的决心，也表明腾讯想要抢占元宇宙高地的野心。当然，腾讯本身就是做社交而起家的，再加上其娱乐性，有了这两条护城河做保障，此时腾讯转向布局元宇宙，自然也满足了元宇宙对于强社交属性与娱乐性的需求。基于这些天然优势，腾讯自然不会将这杯丰盛的羹拱手让于他人，而是会拼尽全力去布局，去做长远打算。

网易：以游戏为切入点，全面布局元宇宙

网易目前的发展也不容小觑，其业务有很多，包括网络游戏、门户网站、移动新闻客户端、电子邮件、电子商务、搜索引擎、博客、社交平台等。在互联网大公司纷纷转战元宇宙之际，网易也在元宇宙布局上做好了准备。

网易关于元宇宙的动作频频，主要体现在以下几个方面：

1. 投资元宇宙

（1）布局虚拟人赛道

网易将投资元宇宙的目光放在了投资虚拟人文化上。仅 2021 年，网易投资虚拟人相关公司的事件已经多达 5 起。

2021 年 1 月，网易投资了世界上运营时间最久，最具活力的元宇宙社交平台 Imvu。

2021 年 3 月，网易投资了专注于虚拟交互式演唱会的直播公司 Maestro。

2021 年 5 月，网易投资了目前拥有较为成熟的虚拟形象技术和人工智能建模平台公司 Genies。

2021 年 7 月，网易投资微软小冰的母公司——北京红棉小冰科技有限公司，该公司最新开发的超级自然语言技术，可以将人类真实声音完全复刻出来，可以进行高度拟人交互。

2021 年 10 月份开始，网易投资自主打造虚拟人生态的公司——北京次世文化传媒有限公司。

从网易投资的公司类型以及所属领域来看，网易的元宇宙布局策

略包含了从前端的场景研发到终端的虚拟人商业场景的整个虚拟人产业链路。

（2）布局 VR 技术领域

网易先后投资了 9 家与 VR、AI 技术相关的公司，如 VR 流媒体直播公司 NextVR、VR 设备厂商 AxonVR 以及人工智能建模的 Genies。

2. 自主技术研发与布局

网易除了投资元宇宙相关技术产业企业，还在元宇宙方面进行自主技术研发与布局。目前，网易已经在 VR、AR、AI、虚幻引擎、区块链、云游戏等领域拥有了较为先进的技术储备。

网易伏羲是网易在 2017 年打造的一个人工智能实验室，专门从事游戏与泛娱乐 AI 的研究。网易伏羲目前已经在数字人、AI 创作、AI 对战匹配、AI 竞技机器人等领域获得领先技术。

网易洞见是网易打造的一个 AR 内容创作管理平台，创作者可以在该平台上进行 AR 内容的创作和编辑。

网易伏羲通宝是基于区块链智能合约而打造的游戏中的一款道具，该道具具有不可篡改、不可伪造的特点，可以在不同的服务器和游戏之间作为虚拟资产进行流通。

3. 元宇宙相关硬件布局

元宇宙相关硬件也是网易布局的重要方面。

AR 眼镜，是网易基于 AR 技术而打造的元宇宙硬件设施，可以说是网易基于 AR 技术在"软实力"上实现的"硬输出"，其应用主要聚焦于游戏、电商、教育、出行、旅游等场景。

网易影见投影仪是一款增强现实互动投影仪，可以将虚拟信息投射到现实空间，支持用户空中手势、物体交互等互动。

4. 元宇宙相关内容方面的布局

网易在元宇宙内容方面的布局，主要有游戏类内容与虚拟会议类内容。

（1）游戏类内容

网易打造了AR手游《悠梦》。该手游是一款梦境解谜游戏，玩家可以在其中体验虚拟与现实结合的梦境之旅。

（2）虚拟会议类内容

"瑶台"是网易打造的一个具有古风色彩的沉浸式虚拟会议世界。在这里设有多种高精度复刻真实会议场景的场地，最多可以同时容纳500人同时参会。目前，"瑶台"为增加用户体验的真实性和参与感，参会者上传个性化照片，就可以打造专属个人虚拟形象。虚拟形象还有丰富的表情、动作等，让人们可以更加直观地感受对方的喜怒哀乐。同时，"瑶台"还同步实现了PPT嵌入式播放、文字和语音聊天、同声翻译、多个分会场自由切换等功能。除此以外，网易还计划进一步对"瑶台"进行虚拟社群、虚拟接待等功能的开发，以便为会议元宇宙、社交元宇宙等场景提供更加可靠的服务。

综合而言，在进军元宇宙的路上中我们可以看到，网易以游戏这一先天优势入手，展开全方位布局。同时，我们也可以从中看出，网易对待元宇宙的态度以及迈进元宇宙的决心何其坚定。

字节跳动：多方投资，跑步入局元宇宙

与百度、腾讯、网易相比，字节跳动虽然入局元宇宙较晚，但却凭借自身的社交、内容、全球化优势重磅入场，加速构建属于自己的元宇宙生态版图。

字节跳动出巨资，在元宇宙方面快马加鞭布局，主要体现在以下两方面。

1. 布局元宇宙基础设施

2021年8月，字节跳动花15亿美元收购了一家全球第三大头戴式VR设备制造商Pico，旨在为接下来布局元宇宙业务做好准备。在元宇宙这场资本争夺战中，Pico为字节跳动更快地与全球用户建立连接给予了极大的帮助。

2021年11月，字节跳动入股众趣（北京）科技有限公司，并持有6.6667%的股份。该公司是一家VR数字孪生云服务商，致力于3D实景模型的重建。

2. 为自身元宇宙平台引流

2021年3月，字节跳动斥资1亿元人民币，入股元宇宙概念公司代码乾坤。代码乾坤是一家为青少年提供创作和社交服务的平台，其上线的首个元宇宙游戏《重启世界》被认为是中国版的Roblox，吸引了不少专业开发者入驻。显然，字节跳动的这一布局，是为了自己日后构建的元宇宙平台引流做准备。

虽然字节跳动是后来者，却在布局元宇宙这件事情上做了不少努力。从字节跳动的投资路径来看，其更希望通过与优质元宇宙基础设施结合，构建一个繁荣的元宇宙生态。

苹果：并购与专利申请，备战元宇宙

当前，苹果公司在全球移动互联网领域占有重要地位。苹果公司虽然并没有在宣传中强调元宇宙，却在私下默默进行元宇宙布局。正如库克所言，苹果公司的布局不是以元宇宙的名义进行的，而是以AR的名义在进行。

那么苹果公司在元宇宙领域的布局究竟有哪些呢？

1. 申请大量相关专利

目前，苹果公司正在低调布局VR/AR产业，已经申请了大量与AR眼镜相关的专利，已经公开的VR/AR专利数量已经超过400项。

（1）视网膜直接投影技术

视网膜直接投影技术是一款非常轻便的可穿戴设备，能够有效解决现实AR的成像问题。

（2）可变焦透镜系统

可变焦透镜系统对于近视的人来说是一大好消息，他们可以很好地使用AR眼镜。

（3）手势识别与追踪

手势识别与追踪是苹果公司与收购的一家研究3D运动捕捉公司PrimeSense合作打造的一项可以通过3D映射技术实现眼球、手势追踪的专利，这项专利可以使得AR眼镜具有手势识别功能。

（4）3D面部识别

苹果公司之前收购了多家开发面部识别技术的公司，如Faceshift、RealFace、Perceptio等，之后便开始在3D结构光方案中融入3D人脸识别。为此,苹果公司还申请了一项通过人脸识别AR设备游戏玩家的专利。

(5) AR头显

苹果公司还推出AR头显,该头显需要进行6~8个镜头的实时光学处理,对算力的需求也较高。该头显可以同时支持AR和VR功能。仅2021年,苹果公司就获得了11项与AR头显相关的专利。如此多的与AR、VR相关的头显专利,无疑表明苹果公司也在通过AR领域积极布局元宇宙。

2.布局内容生态

苹果公司在上线具备AR功能的相关应用之后,AppStore中AR相关应用及游戏的数量规模翻倍式增长,且AR应用的使用场景比游戏场景丰富很多。

除此之外,苹果公司还分别在娱乐和办公领域相继收购了两家虚拟现实内容公司,分别是VR直播公司NextVR与虚拟会议公司Spaces。

在元宇宙风潮下,虽然苹果公司看似没有在元宇宙布局方面做出声势浩大的举动,但其在AR、VR领域的并购与申请专利的举措则释放出明显信号:苹果正在"闷声"备战元宇宙。

微软：软硬件双管齐下，"杀入"元宇宙

微软作为科技巨头之一的企业，无论软件、硬件还是内容方面，在布局元宇宙的过程中都具有天然优势。目前，微软正在尝试推出自己的元宇宙。

1. 软件：重金收购游戏厂商

2022年1月，微软官方声明将以687亿美元收购全球知名游戏厂商——动视暴雪，预计将在2023年完成收购。

动视暴雪所打造的每一款游戏都是爆款，如我们所熟知的《魔兽》《暗黑破坏神》《守望先锋》《使命召唤》等。

微软打造元宇宙的主攻方向有两个：一是游戏，二是Office线上会议软件。微软收购动视暴雪，就是要借助动视暴雪在游戏领域的专业能力，为自己构造一个更加庞大、更加专业化的游戏社区，从而为自身加速构建元宇宙提供有力的保障。

2. 硬件：聚焦MR设备的研发

当前，微软正在致力于研究MR设备。

什么是"MR"呢？MR即混合现实，是VR的进一步发展，是通过现实场景呈现虚拟场景中的信息，在现实世界、虚拟世界和用户之间搭建起一个交互反馈的信息回路，以此使得用户获得更加强烈的真实感受。MR设备在技术架构上更为复杂，是在AR设备基础之上打造而成的，可以实现虚拟对象与现实世界的实时交互。

佩戴MR眼镜的用户，可以看到虚拟场景与现实世界的完美融合，

所有的信息将会以更高形式、更大的密度展现在人们眼前，如虚拟购物清单粘贴在实体购物车上；比如当用户拿起商品时，就会动态显示产品宣传短片；再如，员工戴上MR眼镜就可以将线下会议、移动端视频会议迁移到MR段，用户就可以体验更具真实感的沉浸式会议，这与以往的线下会议相比，能节省更多的通勤时间；与以往的移动端会议相比，更具有面对面开会的真实性。

2021年3月，微软发布了MR虚拟协作平台Mesh，随后升级为Mesh for Teams。借助Office线上会议技术，该平台可以为多人同时提供沉浸式会议体验。

微软聚焦MR设备的研发，实则是以MR为入口，发力元宇宙。

总之，微软通过软件和硬件"两条腿走路"，"杀入"元宇宙。但从其对元宇宙的布局来看，并没有大规模采取行动和措施，足见其心思缜密、行事谨慎。

Meta：从社交媒体转型元宇宙公司

在元宇宙概念受到全球互联网企业追捧并纷纷积极布局之际，2021年10月28日，Facebook首席执行官马克·扎克伯格正式宣布Facebook将更名为"Meta"。

"Meta"一词，就是来源于元宇宙的英文单词"Metaverse"。扎克伯格也表示，目前公司的发展"将是元宇宙优先，而不是Facebook优先"，并希望用5年左右的时间将Facebook打造成一家元宇宙公司。

这足以证明，Facebook更名为Meta后大力发展元宇宙的决心。但是，Meta在元宇宙领域的布局，并不仅仅体现在更名上，具体还包括以下几点。

1. 在AR方面的布局

AR是增强现实技术，可以将虚拟的事物在现实世界中呈现，能够为元宇宙的实现带来强有力的技术支撑。Meta在AR方面的布局主要体现在其在Instagram（照片墙）上推出的两个新的AR功能，分别是多层次分割功能和对目标跟踪功能的优化。

（1）多层次分割功能

该功能是使用AR滤镜可以将原本被分割为多层次的纹理结合起来。

（2）优化了的目标跟踪功能

该功能是在使用AR滤镜之后，就可以同时识别多个移动或静止的物品。

2. 在 XR 方面的布局

Meta 在 XR 方面的布局主要是为了打通现实世界与虚拟世界。

什么是"XR"呢？XR 即扩展现实，是通过计算机将现实世界与虚拟世界相结合打造的一个可以实现人机交互的虚拟环境，XR 是 AR、VR、MR 等多种技术的统称。

事实上，Meta 早在 7 年之前就已经在 VR/AR 方面积累了丰富的专业知识，在布局 XR 方面具有天然优势。为了加快实现该项目，Meta 不惜花费 5000 万美元建立了一个 XR 项目以及元宇宙研究基金。

3. 在虚拟办公室方面的布局

Meta 还在虚拟办公室方面做了布局，推出了首款虚拟办公室——Horizon Workrooms。在这个虚拟办公室里，人们可以一起工作。虽然没有全息图，但人们可以定制属于自己的虚拟形象，进入其中办公，甚至可以通过虚拟形象在一起聊天与沟通。

该应用主要是借助手部跟踪技术来实现的。用户做出手势时，他们的虚拟形象也可以复制并做出相同的动作。此外，该应用还借助空间音频技术来打造临场感，不同用户听到的声音会根据其距离耳机位置的远近而有所不同。

4. 在内容方面的布局

Meta 还专门为内容创作者打造了一个内容发布平台——Creator App。在这个平台上，用户不但可以创作内容，还可以与其他创作者沟通和交流，并能收到来自 Instagram 和 Messenger（桌面窗口聊天客户端）等平台上的信息。这样，创作者无需切换账号就能轻松查看信息，给创作者带来了极大的便利。

从"Facebook"到"Meta"，从 AR、XR 到虚拟办公室、内容布局，一切无不表明一个社交龙头正在开始全面拥抱元宇宙。未来，Meta 将会在元宇宙获得什么样的成就，我们翘首以待。

英伟达:"三步走"策略拥抱元宇宙

在元宇宙得以实现的技术基础中,AI是其中一项重要技术。作为一家人工智能计算机公司,英伟达自然不会放弃自身优势而与元宇宙红利擦肩而过。

英伟达布局元宇宙,做出了哪些努力呢?

1. 打造人工智能交互平台

英伟达推出了人工智能阿凡达平台,这是一个交互式技术平台。该平台结合了语音AI、计算机视觉、自然语言理解、推荐引擎和模拟技术等,使得3D互动角色具备了看、说功能,可以就广泛的主题进行交谈,同时还能理解自然对话的意图。

阿凡达平台的构建标志着英伟达已经不止在为实现元宇宙而提供技术支持,而且还在打造属于自身特色的元宇宙生态,实现了从硬件供应商向平台构建者的角色转换。这显然就是英伟达在为后期构建元宇宙做准备。

2. 推出虚拟人

英伟达还推出了三个虚拟人。

第一个虚拟人是英伟达创始人兼CEO黄仁勋的虚拟人角色——迷你玩具版黄仁勋Toy-Me。这款虚拟形象的最大特点就是根据黄仁勋的外貌特征、语言风格进行合成,可以对气候变化、天文学等方面的问题对答如流。

第二个虚拟人是可爱的"蛋壳人"。该虚拟人主要是为快餐店提供服务的,能够通过交谈理解食客的订购需求。

第三个虚拟人是会议虚拟人。该虚拟人可以在电话会议中以逼真的动画形象参与其中。

3. 研发高性能显卡

英伟达在专业视觉计算方面还专门打造了 RTX 系列高性能显卡，可以显著提升渲染、图形、AI 计算工作负载的性能。

英伟达创始人黄仁勋对于企业未来元宇宙业务的发展方向提出了"三步走"战略，分别是：

第一步，虚拟化。创建一个协作开发引擎，打造高度保真的图像场景。

第二步，逼真化。通过智能语言学习，再加上对现实世界物理规律的强化，使得虚拟世界的场景更加逼近真实世界。

第三步，情感化。打造一个具有强社会关系的虚拟世界，实现虚拟世界的情感交互。

显然，黄仁勋口中所说的"三步走"战略，前两步正在加速布局和实现中。

第十五章

投资机遇：商业化应用寻找元宇宙变现新机会

元宇宙自 2021 年以来开始"野蛮生长"，吸引了各领域企业纷纷争相布局。但元宇宙在实现商业化应用的过程中，必然存在着巨大的挑战，谁能够抢先探索和挑战成功，谁就有机会站在元宇宙红利的制高点。

虚拟数字人：元宇宙时代下的又一个资本风口

元宇宙时代的来临打开了研发虚拟数字人的赛道，由此带来的更是其背后潜在的百亿市场"蛋糕"。因此，虚拟数字人的兴起成为各种资本你追我赶的又一个风口。

什么是"虚拟数字人"呢？虚拟偶像是通过音乐、动画、CG等形式制作而成的，是可以在虚拟或现实场景中参与演艺活动的虚幻人物形象。虽然虚拟数字人并不一定有对应的实体人物形象存在，但它们具有人的形象、性格和行为特征，具有人的互动能力，具有很强的参与性、互动性以及无负面信息等属性。

当前，国内虚拟数字人的类型正在不断升级进化。早期的虚拟数字人，如洛天依、东方栀子等，已经升华为如今的偶像团体，如A-SOUL、RICH BOOM等。从本质上看，虚拟数字人更像是传统娱乐行业的一种发展形式，虚拟数字人的大众化特点使得其涉足的领域越来越广泛。

虚拟数字人的发展共经历了以下几个阶段。

第一阶段：Z时代

"Z时代"是指1995—2009年的新时代人群。他们可以说生在、长在网络信息时代，从小就与网络信息时代有着紧密的联系。他们受到互联网科技的影响比较大，对数字化环境和虚拟内容有着较强的接受能力。他们是这个时代促进虚拟数字人兴起、推出虚拟数字人发展的主力军和关键。

第二阶段：粉丝经济时代

在粉丝经济时代，任何领域的发展都离不开粉丝的推动力量。虚拟数字人作为粉丝经济的主要付费对象，可以为各领域带来巨大的商业价值。

因此，虚拟数字人又进一步成为各种资本引流和变现的手段。

与真人相比，虚拟数字人具有更加顽强的生命力和可塑性，而且主观性较弱，商业价值创造力更加稳定。这就是虚拟数字人更受资本青睐的原因。当前，虚拟数字人已经具备多种类型，如品牌代言、直播带货、参加演唱会的虚拟偶像；提供各种客户服务的虚拟员工；替代现实世界人类的虚拟身份等。随着应用场景的拓展，未来虚拟数字人的类型还会持续拓展。

第三阶段：元宇宙时代

在元宇宙时代，随着深度学习、语音合成等技术的进一步发展，虚拟数字人的应用价值得以进一步挖掘和提升，成为人类进入元宇宙的重要载体，将在元宇宙中得到更加广泛的应用和发展。

（1）提升数字内容生产品质和效率

在元宇宙中，虚拟数字人在进行内容创作的过程中体现出更强的自动化、实时化和智能化特点，使得内容创作拥有了更多自由发挥的空间，同时也提升了内容创作在线协作的效率，降低了生产成本。

（2）助力品牌口碑快速传播

在元宇宙时代，虚拟数字人在品牌代言、直播带货、开演唱会等商业活动场景的应用依然是主流。虚拟数字人的人设和语言风格由品牌方来决定，而且还可以应用于更加多元化的虚拟场景当中，如虚拟员工可以以客服、助手等角色，为用户提供陪伴、情感关怀等外延价值性服务，使得品牌口碑传播更加快速和高效。

在元宇宙时代，虚拟数字人的商业价值有了更高层次的飞跃，这是以往任何一个发展阶段都无法比拟的。未来，走上虚拟数字人赛道，就仿佛进入了元宇宙商业化发展的快车道——这是未来各领域解决商业化瓶颈的关键。

虚拟社区：社交 4.0 时代，高新技术构建沉浸式虚拟社交空间

社交是人类发展的重要因素之一。无论是现实世界还是虚拟世界都离不开社交。物以类聚，人以群分。能够将共同兴趣爱好的人聚集在一起的便是社区。大家在社区里交流、互动与分享，共同成长，推动人类文明不断前进。

在当前这个各领域加速推进元宇宙落地的阶段，同样需要沉浸式虚拟社区来推动元宇宙的快速构建。因此，虚拟社区也是未来的一个重要投资领域。

在社交领域，人类经历了面对面交流的社交 1.0 时代、互联网交流的社交 2.0 时代、移动互联网交流的社交 3.0 时代、沉浸式虚拟交流的社交 4.0 时代。

社交 4.0 时代可以说是"灵魂契合"式的社交时代。我们可以借助相应技术，构建出一个可以凭借虚拟化身和个人兴趣图谱而打造的沉浸式社交场景，用户在这个逼真的虚拟场景中可以找到志同道合的伙伴，从而建立起社交链接。

在社交 4.0 时代，人们并不靠看脸参与社交活动，而是首先需要完成虚拟数字人的人格、三观、喜好方面的测试，然后再根据测试结果连接其他虚拟数字人，以保证虚拟数字人能与对方在交流的过程中实现无障碍交流。

这种能够"脱胎"于现实世界又与现实世界平行，具有强沉浸感，能够使社交 4.0 加速实现的虚拟社交平台或虚拟社区，是未来构建元宇宙的必须要素，必定具有很好的投资前景。

目前，世界上最大的多人在线创作游戏Roblox在收购了聊天平台Guilded之后，开始全面加强社交基础设施建设，以便更好地提升用户在元宇宙社交中的体验。

此外，基于兴趣图谱和游戏玩法的虚拟社交网络平台Soul，也建立了具备Soul自身属性特点、以"社区+内容+社交"为基点的社交元宇宙，让任何一个进入元宇宙的个体都能营建无压力的社交空间，同时能不设限地与任何人交流，持续生产新鲜潮玩内容。Soul就像是用户的家一样，给人以归属感。Soul其实具有一定的元宇宙基因优势，主要体现在具有场景化功能、拒绝熟人社交、拥有广泛不设限的社区等。创作者可以自由创建属于自己的私域网络，不再需要受制于社交平台。对于广大用户来讲，Soul的这一创新性操作是令人兴奋的，也是让人迫切想尝试体验的。

有流量就有市场。虚拟社交蕴藏着巨大的市场潜力，尤其在构建元宇宙的进程中，抢占虚拟社交市场、打造新社交形式，将为更多企业的发展带来新机会，帮助企业获得更多的市场红利。

虚拟办公：虚拟办公空间成为"蓝海"市场方向

从元宇宙应用来看，虚拟办公是一个重要的方面。

在虚拟办公领域蕴含着巨大的商机。在探索一个领域是否能够给元宇宙带来快速增长时，从目前情形来看，虚拟办公在元宇宙中的应用和由此而带来的商机具体体现在以下几方面。

1. 共享办公

在谈及虚拟办公室时，人们首先想到的是"AI"。早期，加拿大的汉密尔顿有一家公司开发了一个3D数字办公室。这个数字办公室与线上游戏《虚拟人生》十分相似，员工在一个虚拟世界里相互沟通，相互协作，从而有效增强了员工的归属感和办公乐趣。在未来的元宇宙时代，这样的虚拟办公室也可以称为"共享办公室"。

传统的办公室办公，往往需要寻找相对便宜的地段、相对安静的办公环境。此外，在实体办公空间的运营上，有的时候员工出差，为了满足临时办公的需要，还需要在出差地租赁临时工位，这又在一定程度上增加了办公成本。

在元宇宙时代，员工只需进入虚拟办公空间，在这里大家可以更加轻松、便捷地共享一切虚拟办公资源。在共享办公室里，电脑可以真正使用，打开一台电脑，可以打开一个共享文档去编辑，将重要的会议事项、通知等贴在墙上的公告栏当中。点击公告栏中的通知，就可以查看通知内容，这一切就像在真实办公室一样。其中蕴含的价值主要体现在以下几点。

（1）固定投入成本最小化，价值最大化

虚拟共享办公的应用为企业节省了办公空间租赁成本，等于最大限度地挖掘固定投入，包括场地、人力、资源等的价值。在资源能够满载运转的基础上，使用较低的边际成本就能实现高效盈利。

（2）有效提升工作效能

共享办公为员工节省了上下班通勤时间，大家可以通过佩戴 VR/AR 设备，使得彼此之间的沟通、业务建立起来，更让人真切地感受到自己处于真实的物理房间中。另外，在共享办公空间里，大家对于客户疑问可以及时讨论，快速给出客户回复，这样就可以有效提升人效。

总的来说，共享办公的应用有效节约了成本，还能大幅提升工作效率。

2. 远程会议

近几年的疫情，使得远程会议的价值越来越明显。在元宇宙时代，虚拟现实与远程会议有了一个天然的结合点。比如企业员工可以使用 PPT 开会，参会者可以使用自己的"化身"围坐在会议室的桌子边，彼此之间进行交流、互动等，同时还可以用肢体语言和微表情传递信息。在元宇宙中，远程会议能够给参会者带来临场感、沉浸感，有效提升会议的整体效果，同时也弥补了用微信办公过程中所达不到的实时沟通与交互的缺陷。

显然，在这种元宇宙会议模式下，人们在办公的过程中显得更具创意，更具交流性。

虚拟办公可以帮助很多企业解决办公空间和时间受限的问题。从以上共享办公和远程会议的应用来看，在元宇宙时代，虚拟办公拥有巨大潜力。未来，虚拟办公将变得越来越普及，人们的工作方式也会随之发生巨大变化，其中蕴含的投资价值显而易见。

沉浸式内容：多场景应用给用户带来更好的沉浸式体验

如果给元宇宙打一个标签，那么"沉浸感"无疑是最适合的。在元宇宙中，沉浸式内容的应用可以给用户带来深度沉浸式体验。

以游戏行业为例。在知名互动电影游戏《暴雨》中，沉浸内容的应用可以说是在元宇宙中的早期应用之一，并且可以视作为元宇宙探索、建造和发展树立了一个标杆。

元宇宙时代的游戏、电影或文旅，能够给用户带来更强的参与感和互动性，由此带来的沉浸式体验来源于优质的沉浸式内容。

尤其在近几年，好的娱乐内容深受年轻人的喜爱。优质的内容被验证成为打动当下年轻群体的关键，而且随着内容影视化进程的普及，越来越多的优质内容被转化成影视作品，在市场中获得稳定收益。

当然，优质内容本身不属于元宇宙，但可以通过相应的技术支撑来打通新的场景应用和消费，从而给用户带来更好的沉浸式体验。

在元宇宙时代，沉浸式内容为用户带来了两方面的感受：

一是在感官体验方面，"沉浸式"带来的视觉、听觉、嗅觉、味觉、触觉等方面的感受，要远高于只有视觉或听觉的二维表达。

二是在心理感受方面，当用户进入一部经典作品构建的虚拟世界中，并以第一人称视角开放式地探索和体验这个世界时，可以更加深刻地感受主人公的喜怒哀乐。这也是沉浸式内容在元宇宙中的一个重要应用方向。

近期北京新开放的环球度假区，之所以受到广大游客的青睐和一致好评，其中一个重要的原因就是沉浸式内容体验。北京环球度假区与传统乐园最大的区别在于，其融入了电影等文娱作品的 IP，加上 3D 虚拟现实过山车、VR 眼镜等"黑科技"的应用，让游客置身于虚拟现实融合的世界当中，在虚拟与现实的交互中获得沉浸式体验。

虽然当前元宇宙的进展似乎还停留在游戏、影视两大领域的探索上，但我们相信，伴随着VR/AR设备的普及以及各种前沿科技的融合，真正的元宇宙时代必将离我们不再遥远。届时，沉浸式内容的应用，必将加速元宇宙时代的到来。沉浸式内容构建的多场景应用，其商业价值也会变得更加凸显。

数字资产：加密属性保障数字资产运转系统安全、透明与高效

在元宇宙中，一切具有资产属性的数字化物品，都可以实现交易。我们可以将元宇宙中的这些物品，直接称之为数字资产。

以游戏为例。在《王者荣耀》中，皮肤、装备等都需要玩家购买才可以获得，而且可以将这些皮肤、装备等进行转让。因此，皮肤、装备就具有了资产属性。但这些虚拟商品不可以在不同的游戏平台上通用，因此不能构成严格意义上的数字资产。这也就使得这些虚拟商品在跨平台流通方面受到了限制。

在元宇宙中，无论是游戏中的数字化商品，还是零售、旅游等其他行业的虚拟商品，都属于数字资产。数字资产可以打破跨平台限制，实现多平台流通。这一点得益于元宇宙的落地技术之一——区块链的作用。

由于区块链综合利用加密算法、共识机制、智能合约等技术，确保数据不被非法篡改、拷贝，从而奠定了数字化商品能够成为资产的技术基础。

1. 数字资产类型

元宇宙中，数字资产的应用主要包括以下几大类型。

（1）数字地产

数字地产，看上去是"数字"和"地产"的结合，实际上是将地产数字化。元宇宙本身是一个依托于区块链技术构建而成的数字世界。在元宇宙中，土地可以被买断。元宇宙中的城市和著名地标被买进之后，可以抢占那些在元宇宙中路过城市和著名地标的用户资源，还可以打造商业、娱

乐区域，或者做房地产开发，建立虚拟区域的商业地产。这些虚拟地产本身也具有稀缺性，因而具备了一定的商业投资价值。

（2）数字作品

数字作品是元宇宙中带有文化艺术属性的内容资产。例如，我们之前提到了 NFT 数字艺术品，其主要价值就是收藏。再如一些数字展览等，因为其具有审美属性，因此都属于数字作品。有价值的东西，自然存在一定的商机。

（3）数字物品

"数字物品"是在元宇宙中提及最多的一个词语。与数字作品相比，数字物品更具功能属性，可以说是用户在元宇宙中生存和开展一切活动的虚拟媒介，比如数字服装、数字商品等。数字物品的存在颠覆了传统商业模式，也会为更多的企业创造更多的商机。

（4）数字货币

数字货币是一个广义的术语，包含以数字方式表示价值的任何事物。数字货币包含部分"电子货币"，这些货币只是政府发行或监督并承认的法定货币的数字代表。数字货币还包含狭义的"虚拟货币"，这种货币只能在特定的社区内获得价值。除此之外，数字货币还包括"加密货币"，这种货币使用密码学原理确保交易安全，并且去中心化，没有监管者，可以在实体或用户之间传输，可以进行真实货品交易，如比特币等。

2. 数字资产的价值

数字资产的价值主要体现在以下两个方面。

（1）带来商业的繁荣

元宇宙中的数字资产发行模式，其实十分贴合大众的内心，人人都可以因为数字资产的存在而成为投资人。此外，数字资产能保证个人资产的安全性、可靠性和高效性，从而达到经济效益扩张与繁荣的目的。

（2）带来经济全球化

经济全球化是元宇宙时代的一个重要特征。数字资产具有无壁垒、快速流通的特点加速了全球经济一体化实现的进程。

"春江水暖鸭先知"。在元宇宙大势所趋之际，能够掌握先机的人，往往能博得商机。当前，数字资产的价值和应用潜力会变得越来越强，而且数字资产风口已经形成。谁能在数字资产领域快速布局，谁就能超前获得超高的商业回报。

扩展现实：实现虚拟现实无缝转换

扩展现实成为元宇宙发展的又一重要"沃土"。扩展现实涵盖 VR、AR 和 MR 所有领域，是实现元宇宙的沉浸式的入口，也是连接元宇宙与现实世界实现无缝转换所需的设备。所以，未来，扩展现实必将拥有广泛的应用市场，其商机也必将不可限量。

前文中我们从技术层面了解了 VR、AR 和 MR，这里我们从商用方面来了解这三者在元宇宙时代的商业价值。

1.VR

VR，即虚拟现实。用户戴上 VR 设备后，看到的场景和人物全都是假的，VR 设备是将用户的意识带入一个能够给人身临其境感受的虚拟世界。基于这一点，VR 的商用场景便衍生出很多。当用户戴上 VR 设备后，用户就可以置身于人造环境当中，如教室教学环境中，派遣学生参加虚拟实地菜园考察、观察太阳系运动等；工地项目跟踪环境中，项目经理和建筑商可以考察项目进度和安全问题；健康医疗环境中，医疗专业学生可以观看手术操作等。

这些有关 VR 的应用能够给人类生产、生活带来极大的便利，有效提升人们的生产、生活水平，因此 VR 应用具有很大的市场空间。

2.AR

AR，即增强现实。AR 可以实现虚拟世界和现实世界的实时同步，使用户在现实世界中真实地感受虚拟世界中模拟的事物，从而增强用户体验效果。

AR 应用于元宇宙中的多种场景，比如游戏场景中，AR 可以将游戏从手机屏幕延伸到三维场景中，让玩家获得更强的真实感受；汽车维修场景中，维修人员可以将相关维修的文字、图片、视频、音频等信息导入 AR 智能眼镜当中进行分析和处理，AR 智能眼镜将维修数字信息叠加在真实操作对象上，指引维修操作等。

随着 AR 技术的不断成熟，功能更强的 AR 产品也会陆续问世，发挥 AR 更大的价值。所以，AR 蕴含的商机也不容小觑。

3.MR

MR，即混合现实。MR 将虚拟场景和现实场景融合在一起，与用户之间搭建起一个交互反馈的信息回路，以增强用户的真实体验感受。

一般来讲，元宇宙虚拟现实常见的载体是智能眼镜。当前，第一款基于 MR 技术的智能眼镜、投影仪等设备还在研发当中，其广泛商用还需要一定时间。在真正的混合现实游戏中，玩家能够保持与真实世界和虚拟世界的联系，并根据自己的需要和所处的情境来调整游戏操作。在 MR 技术的作用下构建的元宇宙，更具想象空间，自然能吸引更多的人前来探索和挖掘其商业潜能。

总之，扩展现实的发展正处于爬升期，其相关设备如果能满足消费者需求，必将进入实质性普及和生产阶段，最终为实现元宇宙的发展做出贡献。所以，现在抓住扩展现实的商用，也就意味着提前抓住了元宇宙红利，投资扩展现实势在必行。

第三篇

>> 展望篇：关于元宇宙未来的思考

第十六章

未来展望：揭秘未来元宇宙发展的五大趋势

如今，许多个人、专家、企业对元宇宙的热爱已经达到了"疯狂"的程度，设计师利用精湛的技能经过精心研发、多次试验，最终将他们脑海中那些能够与元宇宙关联起来的创新性应用呈现在人们面前，进而对我们的生产、生活、学习方式带来巨大的影响。然而，我们会不由自主地设想未来：未来元宇宙是何样子？我们将何去何从？这些都是每个人所关心的问题。

趋势一：虚实经济深度融合

任何一个时代实现强盛的根本就是经济。元宇宙本身的根本目的就是实现虚实结合。元宇宙时代的来临，使得人们的生活、工作、学习方式发生了改变，同时也为各产业的经济发展带来了全新的商机。而这一切发生改变的基础就是虚拟与现实的深度融合。

发展元宇宙并不等于完全脱离现实世界走向虚拟世界，而是实现虚拟经济与实体经济的深度融合，从而为实体经济赋能，带来全面升级，让各个产业都向着更新、更高的方向发展。

随着元宇宙时代的进一步发展，身处全球不同角落的人都可以更加高效地沟通与协作，并产生虚拟数字交易。

元宇宙是互联网发展的下一个阶段。在元宇宙时代，交易不仅可以在人与人之间产生，还可以在人与机器、机器与机器之间产生，而且交易会变得更加频繁。另外，基于全面联网的智能设备的有效加持，各个产业链之间的协作也变得更加高效化、透明化和数字化。

我们可以想象：在未来的元宇宙时代，每个人和每个智能机器都有自己的数字身份，彼此之间的交易实现了全面自动化、智能化，支付方式也实现了实时安全清算。整个经济发展更加井然有序、更加高效安全。

虚实技术相结合，对各产业领域的影响绝不只是技术的升级，而是底层商业模式和产业链条的革新。元宇宙时代会呈现出与当前现实世界完全不同的商业版图和商业形态，虚实经济的深度融合必将成为一种趋势。

趋势二：人与社会的关系数字化

就目前对元宇宙的描述来讲，元宇宙是由一系列的增强现实、虚拟现实、人工智能、数字孪生、云计算、区块链等所组成的虚拟现实融合的世界。在打造这个虚拟现实融合的世界时，采集相关数据是关键，在通过虚拟环境进行物理世界管理的过程中，少不了各种感知、信息采集、信息处理等数字化操作。所以我们不难发现，元宇宙时代，究其本质，其实是数字化、智能化时代。

在元宇宙时代，人类的身份已经不再局限于现实世界身份本身，而是具备了多种形式的数字身份。处于虚拟现实相结合的社会关系中的个体，通过彼此交往而获取自身和他人的身份认知，获得自我与他人之间的差异性认知。时间和物理空间不再受限，人们在新技术手段塑造的新网络空间，可以足不出户交换数字身份信息，分享彼此喜好，发现志趣相投的人。这是一种数字化技术革新带来的新型交往方式。当然，数字身份之所以能够成为一种身份，是基于人类的社会关系、社交互动而产生和存在的。

除此之外，元宇宙中的一切物品都实现了数字化，一切货币也实现了数字化。这样，人与人之间在数字化交易下形成了一个数字化经济系统。

可以说，在元宇宙时代，人类和一切与人类有关的社交互动、社会关系都被数字化，这是一种发展趋势。

在前互联网时代，人与人之间的交往往往以家庭、工作、娱乐场景为主，人与人之间的社会关系较为直观，而且有限。在当前的社交媒体时代，网络空间中人们虽然交流更加便捷，却也因此使得人与人之间的社交关系更加泛化。

在元宇宙这种人和社会关系数字化的趋势下，无论当前的线下社会关系还是线上社会关系，都将转变为线上线下相结合的数字化关系，而且这种数字化社会关系还会在虚拟网络空间中得到进一步强化。

趋势三：对创作者的要求全面升级

元宇宙能够生生不息的根源，就是有创作者不断为这个全新世界赋能。对于创作者来讲，元宇宙则是他们的新乐园，能够给他们带来全新的机会，帮助他们获得更多的红利，由此必然会吸引更多的创作者参与进来，发挥自己的想象力去创作。

元宇宙大幅降低了创作门槛，以往只有专业人士才可以创作，元宇宙平台使得人人都可以成为创作者。未来，元宇宙时代对创作者的要求将全面升级，这也将成为一种趋势。

1. 提升创造力

在当前的现实世界，创作者创造的是一些具体的作品。元宇宙是物理世界与虚拟世界相融合的产物，给创作者带来的挑战是人的感官体验，创作者需要在元宇宙中首先关注空间场景，然后在视觉、听觉、触觉方面获得反馈，最后再去创作。一方面，他们创作的内容是一些更为抽象的模型设计、概念落地与执行等，实现了无边界创作。另一方面，元宇宙中的创作者身份边界也将变得非常模糊，无论设计师还是艺术家，抑或是普通人，都将在同一个平台上大展身手。创作不再是特定的某类人的事情，真正实现了广泛参与、人人创作。更重要的是，创作的作品更具生命力和竞争力。

2. 拓宽技能、拓展知识面

创作能力的提升需要建立在技能的提升以及知识面不断扩展的基础上。元宇宙是一个全新的世界和社会，不是某个特定领域的产品或系统。这就对元宇宙时代的创作者们提出了更高的要求，他们为了实现内心向往的美好搞好创作，必须在更多新的学科内容和自身技能方面提升自我。

3. 转换思维方式

元宇宙时代的创作，与我们当前现实世界的创作除了具象和抽象方面有所不同之外，还有一个不同之处，就是元宇宙中的创作者不仅要关注用户，还需要关注元宇宙中的所有玩家，要将所有人的喜好和需求考虑进去。这就需要创作者转化思维方式，想方设法让自己创作的作品更加合理、便捷、自由、美观、丰富与公正。

元宇宙时代的创作，可以说是一种新型创作模式。未来，每个人都能在元宇宙中找到适合自己的创作，创作市场将从利基走向大众。

趋势四：元宇宙民主化、规范化

人类社会生活中，一定的社会行为规范才能很好地维持人们的正常生活秩序，形成一个世界观、价值观以及权力道义都十分规范的文明社会。

元宇宙是一个虚拟与现实相结合的崭新世界，是一个完全自主的崭新虚拟社区。同样地，其持久的运行和发展需要实现民主化、规范化，这是必然趋势。

各领域对元宇宙时代的布局都有着美好的憧憬。各产业企业都想拥抱元宇宙，实现变革与升级，为自身发展带来更大的商机和变现机会。但会有个别"投机者"未来垄断市场，为了快速获取大规模盈利而走上错误的道路。

比如在元宇宙中炒房、炒土地。元宇宙中的"房产"交易在近期频频刷新价格新高，甚至超出现实世界里很多大城市的住房价格。有的人认为在元宇宙中炒房、炒土地是一个十分诱人的投资项目，就会将真实资金兑换为虚拟资产，在元宇宙中进行大量房产、地产买卖，甚至用来进行开发建设、装修、开设商场等。这听上去的确十分酷炫，看似也是高端经营，但要清醒地认识到，元宇宙是一个数字化的世界，并非真实世界。元宇宙中的房产、地产都不是实物。用真金白银换数字货币，购买这些虚拟房产、地产，如果是出于个人爱好，那么我们可以将其视作一种乐趣；但如果是为了获取利益，借助倒卖房产、地产赚取价格差，这也就使得原本美好的元宇宙变为了一个典型的套利游戏场所。

一旦在元宇宙中炒房、炒土地失败，除了名义上拥有虚拟房地产所有权之外，别无他物，甚至还会导致现实生活中资金链断裂，影响现实世界中的正常生活，会因此而变为一个负债者。

再如，元宇宙中人人都可以成为创作者，为元宇宙创造出更多趣味性内容，吸引更多的人参与进来，还可以将自己创造的相关物品等进行售卖，但元宇宙中的版权问题也是需要考虑的问题。

当越来越多的人将生财之道寄希望于元宇宙炒房、炒地产、抄袭他人内容进行牟利时，其所积累的市场风险就会进一步叠加，因此会引发一系列的社会问题，影响现实世界的正常运行。

相信，未来在国家重视和大力支持元宇宙项目的同时，也必然会针对元宇宙的相关需求、风险等进行立法，颁布各种法律法规，对元宇宙领域里的个人行为进行约束，并且会加强与司法的衔接，加大对元宇宙经济市场操纵等恶意违法、违规行为的打击力度，保证元宇宙的民主化、规范化发展态势。

趋势五：元宇宙营销成主流

随着元宇宙的不断发展，越来越多的品牌开始围绕元宇宙进行尝试与创新，希望借助元宇宙为自己带来更多的流量和销量，在市场竞争中占据有利地位。未来，元宇宙营销必定成为一种新的营销方向。

虽然目前元宇宙的发展还处于初级阶段，但有不少"敢于吃螃蟹"的品牌，已经利用元宇宙概念和技术成功触达并影响一定规模的用户，成为行业里借助元宇宙成功营销的排头兵。

像我们前文中讲到的一些跨国公司的虚拟穿戴物品，一些运动品牌的虚拟鞋履、服装、配饰、运动包袋、运动器材、艺术品以及玩具等，花西子虚拟形象代言人，祖龙置业的VR看房等，都已经开始了相应的尝试，并获得了丰厚的回报。

从以上这些成功的实例中，我们总结出了目前比较主流的元宇宙营销策略。

1. 故事体验式营销

传统品牌营销是借助叙述品牌故事来传递品牌文化，以达到与消费者产生共鸣的目的。

元宇宙营销中用户充当创作者，提供极为丰富细致的内容和体验，推动整个故事线索的不断延伸，以达到品牌推广的目的。元宇宙营销中，用户既是玩家，也是内容创作者，还是消费者。对品牌来讲，从故事的叙述者向故事的创作者角色的转变是关键。

2. 虚拟人代言

相比于传统的名人代言，虚拟人代言更具优势。

①成本低，一次创作，多次代言；

②风险低，不用担心代言人人设崩塌；

③可控性高，虚拟代言人的言行举止由品牌掌控；

④可塑性强，虚拟代言人的形象可以按照品牌需求和用户喜好来定；

⑤可以长期为品牌做代言和宣传。

3. 面向数字人

当前，品牌营销面对的消费者是活生生的人。在元宇宙营销模式下，品牌要面对的不仅是现实世界的消费者，还需要面对消费者在元宇宙中的数字人替身。数字人替身同样具有社会属性，也具备虚拟交互需求，他们也需要在元宇宙中购买所需产品。

4. 数字产品附带数字权益

在元宇宙中销售的数字产品，在NFT技术的作用下可以获得区块链数字化凭证，且具有唯一性、可验证性、不可分割、可追溯等特性。所以，将NFT数字产品售卖给用户后，用户也就同时拥有了这件独一无二的产品的数字权益。这样的营销模式能够满足用户的占有、炫耀需求，自然能激发用户的购买欲望。

当前很多品牌的初步尝试，已经为各领域品牌拓展出了一条经过验证的、初步成熟的商业路径。未来，必定还会有更多成功的元宇宙营销策略为品牌引流、增强用户黏性，起到锦上添花的作用。